张勇风 编著

黄竹三先生学術年譜

山西出版传媒集团
三晋出版社

出版说明

　　这部学谱,是张勇风学妹编纂,献给我们的恩师黄竹三先生八十诞辰的。

　　去年后半年,与李虎、保全、文明等学兄,协商为黄老师举办学术研讨会事宜,提到为老师编一部学谱,大家一致同意,并得到黄老师首肯。因为勇风曾采访过老师,写了《文物开成为剧学》的访谈录,故将编纂学谱的事相托于她。

　　其时,勇风在美国游学,黄老师在病中,常常住院,但这部学谱还是在半年内编了出来,发到出版社。这其中自然浸透了老师和勇风的心血。我们衷心地感谢勇风,更要感谢黄老师!

　　这是一部小小的学术年谱,却客观记述了黄竹三老师执着的学术人生,丰硕的学术成果,记载了一位南国学子,如何在北国扎根,长成参天大树,记载了黄老师为中国戏曲文物研究所作的开拓性的、划时代意义的贡献。

　　自二十世纪八十年代初,我国的戏曲文物研究,有计划、大规模地展开,如今,已成为成熟的前沿学科,并上升为一门显学。其影响所及,初至全国,渐及全球。黄竹三老师作为山西师范大学戏曲文物研究所的主要创始人,对戏曲文物学的创立和发展,可谓有开宗立派之功。这一切,都在学谱中得到忠实的记录。

然而,黄老师谦逊地指出,戏曲文物学是在一个团队持续不断努力下逐步完善的,凝聚了众多学者、几代人的艰辛。因此,学谱中特别注重有关参与者的贡献,体现一个团队的整体荣耀。

为了丰富学谱的内容,本书设计了四个附录,其实是学谱的延伸。

黄老师已八十矣！他身居北京,仍然密切关注着山西师范大学戏曲文物研究所的事业,关注着前沿学科,关注着后学的成长。谨以此书献给把一生交与戏曲研究的恩师。衷心祝愿黄老师健康长寿！祝愿黄老师学术之树长青！

三晋出版社　张继红

二〇一七年七月三日

前　言

　　前言,就是写在前面的话。现将谱主其人、我和谱主的交往以及撰写年谱的过程先交代如下。

　　黄竹三,男,1938 年生,汉族,广东省开平县人。1961 年中山大学中文系本科毕业,考取中山大学中国文学史专业研究生,师从著名中国戏曲史专家王季思教授学习中国古代戏曲,1965 年研究生毕业。1973 年入山西师范学院(山西师范大学前身)任教,1980 年任讲师,1986 年破格晋升为教授,1987 年任硕士研究生导师,2002 年兼任上海师范大学教授、博士生导师。曾任山西师范大学戏曲文物研究所所长,《中华戏曲》主编,中国戏曲学会常务理事,中国傩戏学研究会副会长。1992 年被评为有突出贡献的专家,获国务院特殊政府津贴。1999 年获曾宪梓教育基金会普通高等师范学校教师奖二等奖。2013 年获第八届全国戏剧文学学会"戏曲教学与研究终身成就奖"。戏曲文物学的开拓者和奠基人之一。著有《元杂剧故事新编》《石君宝戏曲集校注》《牡丹亭评注》《戏曲文物研究散论》《中国戏曲文物通论》(和延保全合著)等,主编《宋金元戏曲文物图论》和《六十种曲评注》等,出版诗集《浮生诗草》《晚霞吟草》，在海内外发表论文百余篇。

2002年，我考入山西师范大学戏曲文物研究所攻读硕士学位，有幸聆听黄竹三先生为我们讲授的《中国戏曲史》《明清传奇研究》两门课程。后来知晓，那也是黄先生最后一年为研究生系统授课。当时先生由于过度劳累，身体比较虚弱。虽然教室离先生住处仅有三百米左右，但每次走到教室，先生都会气喘吁吁，得坐下来休息几分钟才能开始上课。先生教学极为认真，当时多媒体使用还不普遍，教学过程中需要征引大量文献资料，先生总会一丝不苟地把资料都抄写在黑板上。这令我们感动，也激励我们努力学习。

课余，我和舍友常以请教学问的名义去叨扰先生。先生和师母从不惮烦，每次都以一杯热茶、几式甜点招待我们，为我们答疑解惑，还给我们讲解学术界的趣事，令我们感觉温馨而快乐。有时也斗胆拿一些习作向先生请教，先生总会认真批阅、修改。每次拿到被先生批改得密密麻麻的文稿，总会让我产生对先生油然的钦敬和对学术研究莫名的积极性。记得有一次去拜访先生，先生身体状况不佳。师母打趣说："学生的论文，别的老师都是看一看，提一提意见就行了。就他认真，给人家一字一句地改，不累着才怪呢。"师母所言确是实情。

2004年底，决定考博之时，先生推荐我报考中国传媒大学姚小鸥教授，并向我介绍说，姚先生做学问非常认真，若能跟随其学习，一定会有很大的进步。后来，我如愿以偿成为姚门一员。生性愚钝的我，虽没能在学问上取得什么成绩，但黄先生对我的提携和教诲令我终生难忘。

2008年，先生移居北京，我正好时常往返于临汾和北京之间，遂能继续不断造访先生。先生一如既往热情地为我答疑解惑。也间或有和先生认识相左的时候,先生总会耐心地倾听,然后再阐述自己的看法。我仍时常将自己的文稿给先生看,请先生批评。每次先生都会提出中肯的建议。记得有一次,我将一篇文稿发送给先生,第二天,便收到先生打来的电话。电话是从医院返回的途中打的。先生说去医院检查身体,头有些发昏,但前一天看完文稿以后,就在不停地思考,并总结出几点建议,担心过会儿忘了,就打电话告知我。此情此景,历历在目。我唯一能做的,就是加倍努力,以报答先生对我的鼓励和支持。长期以来,每当有什么想法,向先生汇报,听取先生的意见,已成为我学术思考和研究的重要一步,并渐变成一种习惯。

在和先生不断交流以及进一步学习的过程中,逐渐对先生的治学道路和学术成就有了一些了解。知悉先生在学术探索的道路上颇为不易。从最初的戏曲文本研究,到开辟戏曲文物研究这一新的学术领域,之后又涉足祭祀戏剧研究,并将这些方面的研究综合起来,形成自身独特的研究路径,自成一家,撰写《元初戏剧演出的重要史证——山西新绛元墓戏雕考述》《从北宋舞楼的出现看中国戏曲的发展——山西中南部三通戏剧碑刻考述》《试论戏曲产生发展的多元性》《论泛戏剧形态》《试论中国戏剧表演的多样性》等多篇戏曲史研究方面的重要文章,主编《宋金元戏曲文物图论》《六十种曲评注》(主编之一)等,在学术界产生广泛的影响。在先生的带领和全体师生的共同努力下,山西师范大学戏研所成为戏曲文物研究重镇,享誉海内外,戏曲文物学也逐渐成为一门显学。先生不仅指导过慕名前来学习的日本、美国、韩国、澳大利亚等国的博士生,文章被翻译成韩语、日语发表在国外的刊物上,还曾受日本早稻田大学、台湾"中央大学"、世新大学、台湾大学的邀请前往讲学。先生长期思考和研究的成果《中国戏曲文物通论》(与延保全合著)在台湾和内地先后出版发行,已成为山西出版传媒集团的品牌书,并已翻译成英文在海外发行。

由于在戏曲研究方面的突出成就和对戏曲文物学学科建设的卓越贡献,《文艺研究》杂志社于2014年计划刊登先生的访谈录,并委托我来完成。多次叨扰先生之后,我主要就先生在戏曲文物、祭祀戏剧、戏剧史、戏曲文学等方面的学术成就及其对戏曲文物学学科建设的贡献,整理出了一篇访谈录,并于次年5月发表。在整理访谈录的过程中,我对先生的学术历程和学术思想有了更为系统、深入的认识,这更使我增加了对先生的无限崇敬。

为了祝贺先生八十寿诞,三晋出版社约请我为先生整理学术年谱,我欣然领命。但这一年,适逢我在美国访学,诸多事情,使我力不从心。在出版社的再三催促之下,只能拿出这样一份简略的年谱。该年谱主要依据如下几方面材料撰写而成:第一,直接向黄竹三先生多次进行采访的访谈录;第二,查阅黄竹三先生撰写、主编的书籍和发表的文章;第三,查阅相关人员对黄竹三先生学术历程和学术贡献的著述。

由于对当代学人学术年谱的体例所知甚少,对黄先生的诸多经历也不甚熟知,所写内容难免挂一漏万,多有不足,只能算是初稿,敬请各位师友补正。

张勇风

丁酉初夏于锡达城寓所

目　录

出版说明 ……………………………………… 张继红　1

前　言 ………………………………………… 张勇风　1

黄竹三先生学术年谱 ………………………… 张勇风　1

附录一

文物开成为剧学

　　——黄竹三教授访谈录 ………………… 张勇风　59

附录二　黄竹三先生代表性论文

试论戏曲产生发展的多元性 ………………… 黄竹三　85

论泛戏剧形态 ………………………………… 黄竹三　99

"参军色"与"致语"考 ……………………… 黄竹三　118

试论中国戏剧表演的多样性 ………………… 黄竹三　137

中国戏曲演出的文化解读 …………………… 黄竹三　168

附录三　专文评述

春意满苑圃　为有幽香来

　　——黄竹三教授对我国戏曲文物学的贡献 ………… 陈建中 185

仁者·师者·拓荒者

　　——写在黄竹三恩师七十初度之际 ……………… 延保全 205

附录四　评语辑略

学界师友对黄竹三先生及其治学的评语 ……………… 219

黄竹三先生学术年谱

张勇风编著

一九三八年

7月28日,黄竹三出生于广东省开平县一个华侨工商业家庭。

幼年时随父母在广西龙州、南宁等地生活。

一九四三年

入南宁兴宁路小学学习。

一九四四年

日寇侵占南宁,随父母避难至广西平马、百色。

一九四五年

日寇投降,随父母回南宁,入南宁粤华小学学习。

首次以"打戏钉"的方式观看粤剧演出,略知粤剧名伶薛觉先、唐雪卿之名。

两广粤剧在戏园演出,观众购票入场,戏园专人验票。戏剧演至末尾,验票人离去,小孩可随意入场观看,谓之"打戏钉"。

一九四九年

转学至广州培正小学学习。

新中国成立后,目睹新中国成立后社会欣欣向荣景象。

一九五一年

考入广州培正中学学习。初中三年,阅读较多文学作品,开始对中国文学产生兴趣。

一九五四年

考入广州第七中学(由培正中学改名)学习。高中三年,较系统地学习中国古代文学作品,初步接触戏曲、话剧等戏剧形态,聆听中山大学董每戡教授关于中国戏剧、粤剧发展的学术讲座。

学校组织文艺晚会,与班内同学编撰短剧《金色的奖章》,歌颂教师。黄竹三在剧中扮演诗人一角,其台词"我要拥抱太阳",轰动全场。至今培正中学建有"拥抱太阳"塑像。

一九五七年

9月,考入中山大学中文系,本科四年,任课老师有容庚、商承祚、王季思、董每戡、詹安泰等教授,均为一时之选,得以接受名师教育。

期间,参加校内"反右"斗争,摇旗呐喊。

一九五八年

在校参加各项"大跃进活动","炼焦""烧耐火砖""背心印字"等。

年冬,到广东东莞虎门公社参加劳动,割稻、深耕、放卫星等,白天劳动,晚上思想汇报,为期四个月。期间,遵照领导安排,从事文学创作,一个晚上要写出二百首诗,一个白天要写出四篇小小说,名曰"文艺放卫星"。

一九五九年

回校正常上课。每天下午,参加反修斗争学习、讨论。

与郭启宏等参加学校组织的舢板运动项目,其他同学分别参加射击、摩托车等运动。

暑假前到广东茂名参加油页岩建设劳动,为期一个月。期间,参加当地汉语拼音方案及普通话教学。

一九六○年

新学年开始,学校注意专业教学,中文系指导学生撰写论文,组织学生观看中央歌剧院来穗演出的歌剧《茶花女》,开始接触外国戏剧。

年冬,中文系师生到潮汕地区参加整风整社运动,宣讲"六十条"。与郭启宏等在揭阳县五经富公社,白天参加繁重的体力劳动,晚上在村祠堂草堆里休息,与郭启宏诗词唱和,其乐融融。

本科学习期间,舍友有张凤铸、吴云龙、吴世枫等。

郭启宏,1940 年生,广东饶平人,1961 年毕业于中山大学中文系,现为北京人民艺术剧院一级编剧,与魏明伦、郑怀兴并称为"中国现代戏剧界的三驾马车"。其代表剧目有京剧《司马迁》,话剧《李白》《知己》,昆曲《南唐遗事》等。本科阶段,黄竹三先生与郭启宏诗词切磋,对二人日后的诗文唱和、学术交流有较大影响。

张凤铸,1936 年生,广东五华人,1961 年毕业于中山大学中文系,现为中国传媒大学文艺系教授,博士生导师。专著有《文艺广播初探》《电影电视艺术导论》等。本科阶段,黄竹三先生与张凤铸相处学习,对日后二人的学术交流也有较大的影响。

吴云龙,1932 年生,辽宁人,1948 年参加中国人民解放军,随四野南下征战,1950 年在广西参加剿匪,任某部连指导员,1957 年考入中山大学中文系,1961 年毕业后赴新疆工作,"文革"前与尚久骖创作话剧《战油田》,参加全国戏剧会演。

吴世枫,1938 年生,广西合浦人,1961 年毕业于中山大学中文系,先后任暨南大学讲师、广东省艺术研究所所长、广东省戏剧家协会副主席、广东省文史研究馆副馆长。著有《春色年华(文化艺术论集)》等。

一九六一年

9 月,考取中山大学中文系中国文学史(宋元明清阶段——以戏曲为主)研究生,跟随著名戏曲史研究专家王季思教授学习古代戏曲。同期学习的研究生有吴国钦、谭源材、张树英、赖伯疆、蒲震元,日后在学术上均有所成。

在学期间,每周一晚,到王先生家汇报本周学习情况,接受老师指导。每一学期,王先生安排学生写作论文,帮助学生逐字修改。黄竹三还记得,他的一篇谈关汉卿《鲁斋郎》张珪形象的文章,用了"知识分子"一词,王先生指出,改为"封建文人"较好。

9月至12月,聆听北京大学著名学者吴组缃教授到中山大学讲授《小说研究》课程,聆听著名学者詹安泰教授讲授《宋词研究》《宋词选》等课程。

王季思(1906—1996),浙江永嘉人,中山大学中文系教授,博士生导师,著名的戏剧史、文学史研究专家。代表作有《西厢五剧注》《集评校注西厢记》《桃花扇校注》《玉轮轩曲论》等,主编《中国十大古典悲剧集》《中国十大古典喜剧集》《全元戏曲》等,在学术界产生很大的影响。黄竹三先生跟随王季思先生学习,在戏曲史、戏曲文学方面打下了坚实的基础,对以后的研究产生很大影响。二十世纪八十年代以后,虽然他专注于研究戏曲文物,九十年代以后,又开始进行祭祀戏剧研究,但是,他的研究总是围绕戏剧史来展开,也即无论是戏曲文物,还是祭祀戏剧,黄竹三都是将其放在戏剧史的背景上进行观照,研究其在戏剧史上的价值和意义。

吴组缃(1908—1994),安徽泾县人,早年进行小说创作,后任北京大学教授,潜心研究古典文学,尤其是明清小说。代表作有《西柳集》《饭馀集》《宋元文学史稿》《我国古代小说的发展及其规律》等。当时由教育部安排,吴先生与王季思先生交换,分别在中山大学和北京大学任教一年。

詹安泰(1902—1967),广东潮州人,中山大学教授,著名的古典诗词研究专家。代表作有《花外集笺注》《碧山词笺注》《宋人题词集录》《词学研究十二论》《宋词散论》《詹安泰词学论稿》等。也许是志趣相投的缘故吧,黄竹三先生虽跟随詹安泰学习宋词只有一个学期,但詹先生对他影响非常大,不仅当时曾萌发想改学诗词研究的想法,而且对他后来的诗词写作和研究也产生一定的影响。

吴国钦,1938年生,广东汕头人,中山大学中文系教授,博士生导师。代表作有《西厢记艺术谈》《关汉卿全集校注》《潮剧史》等,学术主攻方向为中国戏曲史和元明清文学。

谭源材,1938年生,广东罗定人,山东省艺术研究所所长、研究员。主编《山东艺术发展研究》,专著有《中国古典戏曲学论稿》等。

蒲震元,1938年生,湖南省江永县人,中国传媒大学教授、博士生导师。专著有《中国艺术意境论》《听绿:美学的沉思》等,学术主攻方向为中国古代文论、文艺美学等。

张树英,1938年生,广东新会人,中国艺术研究院戏曲研究所研究员。学术专长为整理点校戏曲善本,为《明清传奇选刊》整理点校《连环记》《党人碑》《偷甲记》,为《中国十大古典悲喜剧集》校注《牡丹亭》等。

赖伯疆,1936年生,广东惠阳人,广东省艺术研究所所长、广东省社科院文学研究所研究员。专著有《海外华文文学概况》《广东戏曲简史》等。

一九六二年

中国社会科学研究院文学研究所吴晓铃先生继郑振铎之后整理《古本戏曲丛刊》,到中山大学图书馆查找戏曲古籍。期间,黄竹三和同学有幸向吴先生请教古籍源流、版本、版本佚失及如何做学问等问题。吴先生教育后学,畅谈了几乎一个通宵,给黄竹三留下深刻印象。前辈扶掖后学,黄竹三谨记在心,并付诸实践。

吴晓铃(1914—1995),辽宁绥中人,著名中国古典文学研究学者和藏书家,中国社会科学研究院文学研究所研究员,代表性专著有《西厢记校注》《关汉卿戏曲集》等,参与编写文学研究所三卷本《中国文学史》,继郑振铎之后整理《古本戏曲丛刊》。

一九六三年

与谭源材、张树英一起到广东省三水县参加"四清"运动,除劳动外,还参与写作革命村史。黄竹三用诗词写作,谭源材用散文写作。三人还合作编撰当地华侨生活的剧本并参与演出。黄竹三扮演归侨一角。

3月6日,在《南方日报》发表《宋词的发展、繁荣和特点》。

这是黄竹三首次发表文章。此文本为《南方日报》记者约请王季思先生撰写,王先生指导黄竹三写作,并帮助发表。

一九六五年

年春,初步完成研究生毕业论文《元杂剧人物形象塑造》(包括清官形象、封建叛逆形象、爱国将领形象、权豪势要形象、浪子回头形象等)。由于国内政治形势变化,学校认为不宜再研究古典文学,只能进行革命样板戏方面的研究,论文搁浅。后改题《革命现代京剧英雄形象塑造》,与吴国钦合作撰写。

6月,研究生毕业,被派往山西工作。毕业前夕,黄竹三向恩师王季思辞行。记得王先生教导说,山西有许多戏曲文物遗存,到山西后,开展戏曲文物方面的研究是可行的。

7月,经教育部分配,到山西省轻工业学院工业管理专业任教。

据黄竹三先生回忆,在山西省轻工业学院任教期间,主要讲授工业计划、报告、总结等应用文写作。对这些内容,他也不懂,向有关领导请教。领导说,不知道的话,到工厂去问问。他到当地的晋华纺织厂去询问如何写作,想参看一些计划、报告。厂里干部说,这是机密,不能随便外看。他只能回去自己找一些材料,摸索着教学生。

一九六八年

1968年"文革"期间,与山西省轻工业学院教师王大中、顾永华合作,编写《毛主席诗词讲解》,8万字,由当时的群众组织印行。

一九七〇年

8 月 25 日,山西轻工业学院解散。上级决定,学校教师顶替山西省轻工业厅干部下放劳动锻炼。黄竹三下放至山西省大宁县太德公社龙吉大队。

据黄竹三先生回忆,他在龙吉大队待了整整三年。因为他是干部身份,第一年还可以到县粮店购买粮食。据说从第二年开始,就面朝黄土背朝天,当真正的农民了,这让他深感不安。下放到龙吉大队的那三年,他确实受了很大锻炼。龙吉村在大宁、隰县、永和三县交界的太德塬上,只有三四十户人家,塬高沟深,人烟稀少。在那里,最大困难是吃水用水。土塬有百米多高,无法打井,打了井也出不了水。用水要到塬下百米深的沟里去挑。沿着崎岖的山路下到沟里,要走半个多小时,挑水上塬回到村里,要一个小时。山路很陡,没有平的地方,路上无法休息,只得左右肩膀倒腾着挑水,非常吃力。他隔天去挑一担水,回来吃用两天。有一次他挑水回来,快到窑洞时下个小坡,一不小心踩着猪粪,滑了一跤,翻倒在地,水桶自然也倒了。好在他手疾眼快,急忙扶住一桶,不至全军覆没。那桶水全家三口得用两天,怎样用呢? 一天两顿饭,每人所用的碗筷,早饭后不洗,晚饭后再洗,拿一个漱口用的搪瓷缸子,半缸水先洗一遍,然后再用半缸水过一遍。用过的水,舍不得倒掉,拿给邻家去喂猪。他从出生到研究生毕业,生活在南方,到处都是水,与干旱的黄土高原真有天壤之别。

这一段生活给黄竹三先生留下了深刻印象,1973 年春,他曾写诗《山居漫兴》记录这一段生活。诗云:"带月荷锄出,躬耕陇上麻。塬高先获雨,春寒迟着花。犬吠惊三县,鸡鸣喧百家。不知秦与汉,山居乐无涯。"此诗形象地描述了他当年的山居务农生活。同时,这一段经历也很好地锻炼了他的意志。他坦言,经过这一段特殊的生活体验,他适应了北方的生活,尤其是饮食。他曾谈及有一次他和中山大学的黄天骥先生一起到河南参加学术会议,黄天骥先生吃不惯北方菜品,他则觉得非常美味,这和他在北方的磨炼不无关系。

五年的北方生活,黄竹三先生已然习惯北方风土,这为他后来从事戏曲文物研究奠定了生活基础。

一九七二年

下放期间,大宁县抽调他到县文化馆从事戏剧创作,编写了反映矿工生活的蒲剧《顶天柱》和反映农村生活的眉户小戏《送肥》。《顶天柱》由大宁蒲剧团排练演出。

一九七三年

8月25日,调入山西师范学院中文系现代文学教研组任教。下放生活刚好三年。

9月,与中文系工农兵学员到临汾市杜村学农,并参加农村社教运动。后又被派往山西孝义七二五印刷厂校对《批林批孔资料》。

一九七四年

在中文系为工农兵学员讲授革命现代戏、毛主席诗词等课程,并为函授班同步授课。后又讲授现代文学(戏剧部分)、写作等课程。编写《毛主席诗词函授教材》。

在山西师范学院初上讲台,黄竹三向恩师王季思先生汇报。王先生及时回信,指导他如何教学,并寄来一篇修改文章的原件,鼓励他进行学术研究。黄竹三深受感动,后来也以此关心和帮助学生。

一九七六年

10月,调入古代文学教研室。

一九七七年

在中文系为本科生讲授中国文学史(元明清阶段),为全校学生讲授公共课《大学语文》。

一九七八年

是年,发表论文三篇:《白朴》《伟业挚情比翼飞——学习毛主席为杨开慧所作〈贺新郎〉词》,发表于《语文教学通讯》1978年第4、5期合刊;《论元杂剧的封建叛逆形象》,发表于《山西师院学报》1978年第4期。

参与编写《中国古代小说戏曲选注》,负责古代戏曲部分。由山西省函授指导委员会印行。

一九七九年

夏天,到垣曲县中条山有色金属公司七二一大学讲课,为时一月。期间,中国社会科学院吴晓铃先生到山西作学术考察,途经临汾。学校急电黄竹三返校,他星夜赶回,次日,拜访吴晓铃先生。吴先生指点他在晋期间可以从事戏曲文物方面的调查与研究。

是年,发表文章三篇:《毛主席诗词教学漫谈》,发表在《山西教育》1979 年第 1 期;《论元杂剧的清官形象》(与傅平合著),发表在《山西师院学报》1979 年第 1 期;《关汉卿和〈窦娥冤〉》,发表在《语文教学通讯》1979 年第 4 期。

据黄竹三先生回忆,从 1973 年 8 月入山西师院(后更名为山西师范大学)以后,他产生开展学术研究的想法,也撰写了一些文章,但直到 1979 年夏,他一直处于学术摸索阶段。黄竹三先生研究生阶段跟随王季思先生学习古典戏曲,又聆听詹安泰教授讲授宋词研究方面的课程,对戏曲文学和古典诗词情有独钟。他到山西师院工作伊始,便到图书馆查询戏曲方面的资料,发现没有《古本戏曲丛刊》。他建议图书馆购买,但管理人员听说此书一千多元,就说太贵,不肯购买。处于这样的环境下,他只能撰写一些研究戏曲作品和古典诗词鉴赏方面的文章。

配合讲课,黄竹三一面编写教材,比如《毛主席诗词函授教材》《中国古代小说戏曲选注》等;一面也撰写一些文章,比如《毛主席诗词教学漫谈》《伟业挚情比翼飞——学习毛主席为杨开慧所作〈贺新郎〉词》等。

此外,还应社会的需求,写过一些配合中学语文教学的文章。比如中学教材上新增徐霞客的《游黄山记》,当时没有教辅材料,他的一位学生(时任中学老师)写信向他求教,咨询如何讲授。他想这个老师不会，其他中学老师也可能不会，于是就写了《〈游黄山记〉的艺术描写》一文，发表在《山西教育》1980年第2期上。后来还写了《托物抒怀，讴歌革命——〈井冈翠竹〉赏析》《晓之以理，动之以情——谈〈散文重要〉的艺术特色》等文。

这一阶段，黄竹三先生尚无明确的研究方向，未形成自己的学术特色，他急需寻找新的学术路径。吴晓铃先生的指点，与之前恩师王季思先生对他的教导不谋而合，于是他开始考虑走戏曲文物研究的路子。

一九八〇年

春，南开大学宁宗一先生带领研究生到山西考察戏曲文物，黄竹三有幸陪同，一起考察了魏村、王曲、东羊三座元代戏台。当他看到这些雄伟壮丽的元代戏台时，被深深地震撼了。他强烈地认识到，从事戏曲文物的调查与研究是极有学术价值的，从而确定进入戏曲文物这一新的研究领域。于是，开始着手筹备戏曲文物研究团队。

6月，山西师院戏剧文物研究小组成立，除黄竹三外，成员有教务处的杨太康，校办的张自成和学报的窦楷、袁宏轩。

据窦楷先生回忆："一个上午，我正在编辑部阅稿，莲子忽然进来告我说中文系一位黄老师找我。黄先生个子颀长，修眉俊眼，一表人才。他十分谦和，入座后自我介绍，他是中山大学毕业的，是王季思先生的研究生，在中文系讲授戏曲史。听说我过去在北京戏曲学校工作，故希望能在一起合作。这样，我们经过一席交谈,一拍即合,直到如今。"(窦楷:《晚晴集》,三晋出版社2008年版,第212页)可见,当年为组建这支小小的研究队伍,黄竹三先生也下了一番苦心和周折。当时并不能预期一定会出什么研究成果,也不曾想到这棵小树苗有朝一日能长成参天大树。所以,只能在全校搜罗志同道合的人员参与,这就需要先了解其他老师的学习和工作经历,然后进行深入交流,了解意愿。若志同道合,才能一同参与戏曲文物的考察和研究。

夏,戏曲文物研究小组对临汾附近的戏曲文物进行考察,如魏村、东羊、王曲等处的元代戏台和洪洞广胜寺明应王殿的元代戏曲壁画等。这些考察,加深了他对戏曲文物的认识。

是年,黄竹三发表论文三篇:《郑光祖》,发表在《语文教学通讯》1980年第2期;《〈游黄山记〉的艺术描写》,发表在《山西教育》1980年第2期;《元代重要的戏剧家石君宝》,发表在山西地方志编纂委员会编《山西历史人物传》1980年版。

一九八〇年是黄竹三先生学术研究发生重要转折的一年。由于特定时代的原因和教学工作的需要,此前学术研究主要集中在戏曲文学、古典文学,尤其是革命现代京剧和毛主席诗词方面。从一九八〇年开始步入戏曲文物这一新的研究领域,戏曲文学、戏曲史方面的研究也在同步进行着。

一九八一年

暑假,戏曲文物研究小组在晋南展开调查,所到之处包括临汾、洪洞、曲沃、新绛、侯马、万荣、稷山、河津、运城、芮城、解州、闻喜等地,时间长达一个多月。

在新绛考察时,他们听说吴岭庄发现了元代墓葬,就骑自行车奔波数十里到该村考察。在村民的指引下,他们在庄稼地里找到了元墓。经过考察,发现该墓为元至元十六年(1279)所建,即为元初墓葬。该墓前室,墓壁嵌有双人舞蹈砖雕和双人击鼓砖雕,另有五个单人戏雕。在前室、后室、东西耳房,还发现十个同一形象的单人戏雕。另外,在前室东壁还有一幅堂会演剧图。这一组戏剧文物出现的时间介于之前发现的稷山金墓戏曲砖雕和元代中期洪洞水神庙戏剧壁画之间,展示的是元代初年戏剧演出的特征。这一发现填补了金代到元代中期之间戏曲文物的空白,具有重要的学术价值。

在运城地区考察过程中,他们在万荣县桥上村发现了北宋天禧四年(1021)所立的《创建后土圣母庙碑记》,碑文中有关于修建"舞亭"的记载。这是宋代已有演剧场所的重要资料。

考察结束后,即由黄竹三执笔撰写了戏曲文物研究小组共同调研成果:《元初戏剧演出的重要史证——山西新绛元墓戏雕考述》。文章在对新绛卫家墓戏剧文物描述的基础上,重点从三方面探讨了这一组文物在戏剧史上的价值:第一,证明元代初年,除城市外,在广大农村也有频繁的演出,元代戏曲繁荣盛况不仅是当时政治经济的产物,也是特定地区历史文化发展的结果;第二,证明我国戏剧发展到元初,从院本向杂剧演变中,在脚色行当上逐渐出现了新的变化;第三,证明元代戏剧演出方式多种多样,唱"堂会"的风气相当普遍。

该文发表在《山西师院学报》1981 年第 2 期,引起了学术界的注意,1983 年,被《中国戏剧年鉴》全文收录。后又收入黄竹三《戏曲文物研究散论》中。该书有中国傩戏学研究会会长曲六乙先生写的序文,他高度赞赏这篇文章:"过去戏曲史家对元杂剧多从城市经济繁荣和市民阶层勃兴的角度进行研究,但忽视了金元时期晋南广大农村戏曲演出极为兴旺的基本事实。竹三提出从民间祭祀、民俗演出活动的角度,审视戏曲的发展历史,这在当时有着特殊的意义。他敢于冲破当时研究界对人文生态环境整体思考不够重视,对民间宗教祭祀、民俗演出推进戏曲发展的史实,或不够了解,或视为学术'禁区'而退避三舍的现状。"(曲六乙:《戏曲文物研究散论序》,黄竹三《戏曲文物研究散论》,文化艺术出版社 1998 年版)并进一步指出:"竹三敢于坚持实事求是的学风,独辟蹊径,闯入禁区,以无可辩驳的大量史实为依据,提出自家的鲜明见解,一是受当时'解放思想'、'拨乱反正'改革思潮的鼓舞,二是艰苦的田野考察获得的启示。前者给他以'胆',后者给他以'识',胆与识的结合,才构成这篇文章的学术价值。"

是年,黄竹三还撰写了两篇赏析文章:《托物抒怀,讴歌革命——〈井冈翠竹〉赏析》,发表于《山西教育》1981 年第 2 期;《晓之以理,动之以情——谈〈散文重要〉的艺术特色》,发表于《初中语文 6 篇赏析》,山西人民出版社 1981 年出版。

一九八二年

是年,戏曲文物研究小组成员增加来自于历史系的张守中。

是年,黄竹三赴湖北武汉参加《水浒传》学术研讨会,提交论文《元代水浒戏的思想倾向》。此文发表在 1983 年长江文艺出版社《水浒争鸣》第 2 辑。会议间隙,浙江文学研究所的陈铭先生建议黄竹三仿《莎士比亚戏剧故事集》写作元杂剧故事集。这一建议得到王季思先生的认可。王先生将全套《莎士比亚戏剧故事集》寄送黄竹三。黄竹三在教学的过程中,也深感许多年轻人阅读古典戏曲原作有困难,甚至缺乏兴趣,也想以此作为普及古典戏曲工作的尝试。于是开始着手撰写《元杂剧故事新编》。

是年,撰写论文一篇:《〈促织〉的思想和艺术》,发表于《山西师院学报》1982 年第 2 期。

《〈促织〉的思想和艺术》一文,黄竹三先生通过对蒲松龄《促织》思想和艺术的分析,认为该篇是《聊斋志异》中最优秀的作品,达到了形式和内容的完美结合,并总结道:任何文艺作品都必须根植生活,面对现实,必须在先进或比较进步的思想指导下对现实和历史的材料予以改造和创新,并使用恰当的艺术手段来表现,只有这样,才能真实反映它所处的时代,并能对后世产生积极的影响。通过对单篇作品的具体分析,总结文学创作的一些基本规律,展现出黄竹三先生较高的文学理论素养。文章还就一些学者片面地认为小说结尾蒲松龄通过"异史氏曰"对帝王的劝诫,体现了作者的思想局限性,以及个别学者据作品依托的背景为明宣德年间便认为作者思想不够果决等观点,进行了较为深入的分析和评价。

一九八三年

夏,《山西日报》报道在长治市平顺县东河村九天圣母庙发现了宋代戏台。戏剧文物研究小组获悉此情况后,遂前往进行考察。结果发现戏台是清代同治四年（1865）所建，并非宋构。可喜的是，在该庙发现了北宋元符三年（1100）所立的《九天圣母之庙》碑，碑文中有"创起舞楼"之语，说明当时该庙建有演剧场所。

接着，他们在晋东南地区展开田野考察，所到之地包括长治、高平、阳城、晋城、长子、沁县、沁水等地。在沁县城关关圣庙，他们又发现了北宋元丰三年（1080）所立的《威胜军新建蜀荡寇将□□□□关侯庙记》，碑文中亦有修建舞楼的记载。这样，他们在山西省一共发现了三通有关"舞楼"或"舞亭"记载的宋碑。

这些古代戏台、戏剧碑刻等戏剧文物往往留存于穷乡僻壤，当年戏剧文物研究小组的成员进行田野考察是非常艰苦的。据黄竹三先生回忆，近的地方，他们骑自行车前往考察。远的地方，只能乘长途汽车到县城，再租用县招待所的自行车前往，租金一天一块钱。考察中，经常还会遇到意想不到的事情。比如到新绛县吴岭庄考察。他们冒着酷暑，骑自行车奔波数十里到达村里。沿着村民的指点到庄稼地里一看，是个深坑，下不去。借来一个木头拼接的梯子，踩着摇摇晃晃的梯子下到墓里。光线很暗，手一摸，一个骷髅头，再一摸，一把头发，不禁毛骨悚然。就这样，他们发现了元代初年的戏曲砖雕。还有一次到平顺县东河村考察，他们从县城乘两个小时的长途汽车到了东河，但考察结束，赶上下雨，没车返回平顺县城，他们只好徒步前去长治市，长治比平顺近一些。一路泥泞，艰难跋涉，天黑了，到达一个小山村。村里的生产队长热情，安排他们在队里唯一的一间客房住下。没吃的，只好饿着肚子睡觉。他们脱得光光的，把衣服打成卷吊到房梁上，免得跳蚤钻到衣服里，然后赤身钻到黏糊糊发黑的被子里。太累了，睡得很香，早晨醒来才发现全身被咬的都是包。起床后他们继续赶路，路过一个果园时，才买了一些落树的果子，填了填肚子。

开展戏曲文物研究，对戏剧文物研究小组成员来说，都是全新的尝试。据黄竹三先生回忆，最初进行戏曲文物考察，只会拍照、丈量。对于墓室，只能区分前室、后室、耳室。对于砖雕的戏剧脚色形象，只能大概描述一下，也不知道幞头、浑裹、簪花为何物，竟将幞头称为官帽。后来翻阅相关资料，才逐渐增加了知识，用专业术语来进行描述。拓碑技术原来也不懂，在西安大雁塔看到别人操作之后，他们就模仿操作，经过反复尝试才慢慢学会了。

晋东南考察结束后，黄竹三执笔撰写了戏曲文物研究小组的共同调研成果《从北宋舞楼的出现看中国戏曲的发展——山西中南部三通戏剧碑刻考述》。文章发表于《蒲剧艺术》1983年第2期。这一成果也引起了学界的关注，次年收入《曲苑》第1辑，江苏古籍出版社1984年出版。

黄竹三先生这篇文章将万荣、沁县、平顺新发现的三通宋代戏剧碑刻，放置在中国戏剧发展的历史长河中，大胆提出"艺术起源于民间，中国戏曲的源头在农村"的观点。这一认识在《元初戏剧演出的重要史证》一文的基础上又有新发展。同时，通过对三座宋代舞台建筑体制的分析，进一步指出：砖木结构的舞亭、舞楼的出现，标志着歌舞杂戏已逐渐脱离百戏，成为一种独立于百戏之外的舞台艺术形式,这就涉及了中国戏曲的发生问题,将剧场和演出内容紧密结合了起来,将戏剧文物运用到对戏剧史相关问题的研究之中。黄竹三先生的研究,正如他自己所言,着重在利用新发现的戏剧文物来分析当时的演剧情况,并与之前之后的演出对比,来观照戏剧发展演变的历史。踏实的田野考察,扎实的理论功底,开阔的学术视野,使黄竹三先生的学术成就迅速提升。

是年,黄竹三还发表古典文学方面的论文六篇:《元代水浒戏的思想倾向》,收入《水浒争鸣》第 2 辑,长江文艺出版社,1983 年版;《〈红楼梦〉的爱情描写》,发表于《山西师院学报》1983 年第 3 期;《愿普天下姻眷皆完聚——〈墙头马上〉赏析》,收入《元杂剧鉴赏集》,人民文学出版社,1983 年版;《一曲知己之爱的颂歌——〈连城〉赏析》,收入《聊斋志异鉴赏集》,人民文学出版社,1983 年版;《梧桐雨》,发表于《蒲剧艺术》1983 年第 3 期。

其中《〈红楼梦〉的爱情描写》一文,据黄竹三先生回忆,是在当时中文系老师的带动下撰写而成。当时的研究者从阶级斗争的角度研究《红楼梦》,认为这是一部关于帝党和后党斗争的书。他认为阶级斗争论只是当时的政治需要,不是这部经典作品本身的价值属性。因此他决定从文学史的发展角度,来探索《红楼梦》爱情描写的特点和意义。通过对中国古代文学作品中爱情描写的梳理,他指出《红楼梦》中的爱情描写,较之前的文艺作品,主要有三方面的特点:首先,它从根本上改变以往"郎才女貌,一见钟情"的爱情观,变为"知己之爱",这是爱情描写的新高度;其次,范围大大扩展,反映的社会生活面更为广阔,内容也更为深刻;第三,结局做了根本的改编,爱情最终以悲剧结束,具有很高的审美价值。不附庸政治,以文学本身的发展脉络来解读《红楼梦》中的爱情描写,这样的研究是具有独立的学术价值的。

一九八四年

年初,《从北宋舞楼的出现看中国戏曲的发展——山西中南部三通戏剧碑刻考述》一文收入《曲苑》第 1 辑,江苏古籍出版社,1984 年版。

5 月 2 日,经山西省教育厅批准,山西师范学院戏曲文物研究所成立,所长为黄竹三,副所长为杨太康。北京师范大学启功先生题写所名。初期教师有:窦楷、张守中、张志诚、袁宏轩、王福才、乔淑萍、延保全、王廷信、关勤。

秋,山西师范大学决定创办戏曲方面的学术刊物,作为戏曲文物研究所研究人员发表学术成果的园地和联系国内外学术同行的纽带。

9 月,马少波先生到临汾讲学。

据窦楷先生回忆,马少波先生得知戏曲文物研究所要创办学术刊物时,不仅慷慨答应做刊物的顾问,为刊物命名为《中华戏曲》,并挥毫为封面题签。当时,大家一致认为这个名字起得有气派,有水平,含意深,叫得响。(窦楷:《晚晴集》,三晋出版社 2008 年版,第 11 页)《中华戏曲》从第六集开始采用马少波的封面题签,一直沿用至今。

秋,《元杂剧故事新编》书稿完成。

《元杂剧故事新编》共由三十个故事构成,分别改编自元代不同时期、不同作家的名剧,其中杂剧二十八篇,南戏两篇。每篇故事之前,用简短的篇幅介绍剧作家的生平、思想和作品题材的源流演变、作品的主题思想、艺术成就及其影响等。故事通俗易懂,文笔流畅。书稿完成后,适逢马少波来临汾讲学,黄竹三先生作为其助理,得以与马先生有更多的接触和交流。黄先生便请马先生为他的书写序,马先生慷慨答应。在序文中,马先生肯定了该书的价值,他指出:"这本书文笔通俗,它用白描的笔法言情状物,引人入胜。多角镜般的从各个阶层、各个角度,描绘出多种人物和他们复杂的斗争生活。通过三十个动人的故事,勾勒出一整幅波澜起伏、色彩斑斓的元代历史风俗画卷。它对培养新的戏曲欣赏者、爱好者,增进其戏剧历史知识,加强民族自信心和自豪感,会起到积极的作用。它是青少年读者的良师益友。"(马少波:《元杂剧故事新编序》,黄竹三著《元杂剧故事新编》,山西人民出版社 1990 年版)洵为确评。

10 月 1 日,黄竹三获山西省社会主义劳动竞赛委员会"三等功"奖励。

一九八五年

年初,确定《中华戏曲》的顾问、编委名单。顾问:马少波、王季思、张庚、吴晓铃、郭汉城。编委:卢昆、宁希元、宁宗一、孙安邦、李平、李修生、杨太康、吴新雷、张之中、肖善因、周华斌、黄天骥、黄竹三、龚和德、窦楷。

是年,中国艺术研究院戏曲研究所研究员龚和德先生为《中国大百科全书·戏曲曲艺卷》收集资料,来到山西师范大学戏曲文物研究所。他看到研究所收集的资料后,建议所里编辑《戏曲文物图录》。黄竹三认为这个建议很好,但如果加以理论阐述,图论结合,似乎更有学术价值。于是由黄竹三主持,全所同志开始合作编写《宋金元戏曲文物图论》。

6月,《中华戏曲》第1、2辑稿件编就,送山西人民出版社出版。

是年,黄竹三在《山西师大学报》第2期发表《〈元明散曲选〉评介》一文。

是年,应《语文报》编辑王育红(即王宇鸿)的邀请,为普及戏曲知识。黄竹三在该报发表了一系列对元代戏曲作家作品介绍性的文章,计有《伟大剧作家关汉卿》《王实甫和他的〈西厢记〉》《元杂剧的本色派作家——石君宝和杨显之》《元曲中的"白眉"——文采派作家白朴》《"万花丛中马神仙"——杂剧名家马致远》《别开生面的水浒戏——〈李逵负荆〉和〈双献功〉》《悲壮动人的历史剧〈赵氏孤儿〉》《元代神话戏的双璧——〈张生煮海〉和〈柳毅传书〉》《"名闻天下,声彻闺阁"的郑光祖》《悲欢离合说"琵琶"》《元代清官戏的杰作——〈陈州粜米〉》《话说"荆、刘、拜、杀"》,共十一篇。

《宋金元戏曲文物图论》由王季思先生作序,黄竹三负责全书的统稿和其中第三大部分《宋金元戏曲形成、发展原因的探讨》(也即该书的总论)的撰写。该书共收入珍贵的戏曲文物图片180帧,论述文字17万言。

是年,参加在河南郑州举办的首届中国古代戏曲学术研讨会,提交论文《试论宋金城乡的戏曲演出》,在大会宣读,引起与会学者注意。会议一致决定第二届学术研讨会由山西师范大学举办。

一九八六年

2月,《中华戏曲》创刊号出版。

10月,《中华戏曲》第2辑出版。

10月6日,戏曲文物陈列室建成。

10月6日—11日,戏曲文物研究所筹办召开第二届中国古代戏曲学术讨论会。来自全国各地的170余位专家学者参加了会议,代表学者有上海艺术研究所蒋星煜研究员、浙江艺术研究所洛地研究员、北京师范人学李修生教授、华东师范大学齐森华教授、南京大学吴新雷教授、香港中文大学梁沛锦高级讲师等。中山大学王季思教授携夫人和众弟子也前来参加会议。

12月19日,黄竹三获山西省"优秀教师"称号。

是年,破格晋升教授。

是年,发表论文三篇:《建国以来文物考古工作中发现的戏曲史料》,收录《曲苑》(第2辑),江苏古籍出版社1986年版;《强烈的爱憎,分明的褒贬——谈〈水浒传〉的妇女形象塑造》,收录《学海探胜》,山西人民出版社1986年版,《试论宋金城乡的戏曲演出》,发表于《中华戏曲》第1辑,山西人民出版社1986年版。

以往戏曲史专家根据文献资料对宋金时期城市演剧情况的

记载,普遍认为宋金时期演剧活动主要存在于城市,是城市经济繁荣、市民文化和娱乐需求所致。黄竹三在《试论宋金城乡的戏曲演出》一文中,通过20世纪70年代以来在山西、河南、陕西等地广大农村新发现的大量戏曲文物,认为宋金时期,广大农村地区演剧活动也非常活跃。并通过对农村演剧史料和文物的分析,进一步指出:农村的戏曲演出是我国戏曲发展的根基,由于农村演出的广泛、活跃,才带来城市演出的兴盛、繁荣,而城市的演出,又使各种技艺得以改革、提高。二者紧密联系,相互交流,从而推进了戏曲的发展与成熟。黄竹三有的放矢,使当时普遍流行的"城市中心说"产生动摇,逐渐向城市、农村平行演剧说发展,推动了中国戏曲史的研究进程。

一九八七年

4月,中国戏曲学会成立,山西师范大学戏曲文物研究所为集体会员。

5月,中国戏曲学会决定《中华戏曲》为学会会刊,由学会与山西师范大学戏曲文物研究所合办。同时确定增加中国艺术研究院龚和德为主编,廖奔为副主编。刊物实行山西师范大学和中国艺术研究院双编管政策。

6月,黄竹三当选为中国戏曲学会常务理事,《中华戏曲》主编张守中、副主编窦楷当选为中国戏曲学会理事。

10月21日—11月19日,山西师范大学赴美国田纳西州奥斯汀·彼伊大学和马萨诸塞州布里奇沃特学院进行为期一个月的"中国戏曲文化展"。黄竹三随团出访,并在两所大学做关于中国戏曲的学术讲座。这是陶本一任山西师范大学校长后为把学校办成华北一流大学进行的举措之一。

11月,历时两年,在全所同仁的共同努力下,《宋金元戏曲文物图论》编著完成,由山西人民出版社出版,全书共17万字,180多帧图片。这是我国第一部系统研究戏曲文物的专著。北京师范大学中文系启功先生题写了书名。该著作填补了我国戏曲文物研究方面的空白,在学术界产生了广泛的影响。

是年,山西师范大学戏曲文物研究所开始招收硕士研究生,黄竹三任研究生导师。

是年,黄竹三在《中华戏曲》第2辑发表《我国戏曲史料的重大发现——山西潞城明代〈礼节传簿〉考述》一文,同时发表《礼节传簿》全文,引起学术界高度重视。

《礼节传簿》,即《迎神赛社礼节传簿四十曲宫调》(又名《周乐星图》),抄立于明万历二年(1574),1985年在山西省潞城县崇道乡南舍村发现。《礼节传簿》记载了当地赛祭时献演的队戏剧目名称以及脚色排场单,包括出场人物、服饰道具及简单情节等内容,对研究明代前期戏剧的创作和演出,具有重要的价值。黄竹三先生《我国戏曲史料的重大发现——山西潞城明代〈礼节传簿〉考述》一文主要包括三方面内容:第一,对《礼节传簿》所载剧目渊源和内容的梳理;第二,对《礼节传簿》记录的各种戏剧表演形式的分析,尤其是对以往文献资料所言不详的队戏、院本进行了较为深入的探讨;第三,对《礼节传簿》所反映的当时宗教活动、民俗和戏曲演出关系的分析。通过这三方面的分析,对《礼节传簿》在戏曲史研究上的重要价值有了比较明确的定位。《礼节传簿》这一重要的戏曲文献在《中华戏曲》首次披露，并配上黄竹三先生《考述》一文，引起了学界广泛关注。长治市潞城县南舍村的迎神赛社活动也成为海内外关注和研究的焦点之一，2006年夏天，还在当地召开了"中国长治赛社与乐户文化国际学术研讨会"。

一九八八年

是年初，戏研所招收第一届研究生：入学一人，景李虎。

春，山西曲沃的许诚先生到山西师范大学戏曲文物研究所，带来该县任庄村留存的祭祀戏剧演出本子《扇鼓神谱》。此本署宣统元年（1909），据古本传抄，无疑也是戏曲文物。许诚先生还说任庄的扇鼓傩祭和戏剧至今仍可演出，这让戏研所师生惊喜异常。他们立即与中国傩戏学研究会联系，决定恢复任庄扇鼓傩祭和戏剧演出，并筹备召开国际学术研讨会。

8月，日本学者矶部彰、矶部佑子来所参观访问。矶部彰先生一下购买30多册《宋金元戏曲文物图论》，作为他的学生学习中国戏曲的教材。

12月，《宋金元戏曲文物图论》获全国首届古籍整理一等奖。

是年，黄竹三发表文章两篇：《试论中国古典戏曲的喜剧传统》，为1988年"中国喜剧学术讨论会"会议论文，后收入《戏曲文物研究散论》；《笔端风云，囊括千古——谈马少波同志的历史剧〈关羽之死〉》，发表于《艺术论坛》1988年第2期，后收入《马少波剧作研究》一书。

秋,戏研所招收了第二届研究生:二人,延保全、张继红。

黄竹三为研究生开设"元杂剧研究"课程。

继承恩师王季思先生的教学方法,黄竹三也让研究生每周一晚汇报本周学习情况,解答疑问,讨论学术问题,指导下周学习。

为配合研究生教学,也为了锻炼学生的能力,戏研所申请省级课题"山西元杂剧作家作品研究"。老师和学生分别承担研究与撰写任务。黄竹三校注《石君宝戏曲集》,冯俊杰校注《郑光祖戏曲集》,景李虎校注《李寿卿狄君厚集》,延保全校注《李行道孔文卿罗贯中集》,张继红校注《吴昌龄刘唐卿于伯渊集》,1992年由山西人民出版社出版。

景李虎,1962年生,山西临汾人。1990年山西师范大学研究生毕业,获山西大学文学硕士学位,1991年春考入中山大学,跟随著名戏曲史研究专家王季思、黄天骥教授攻读博士学位。1994年毕业,在广东省教育文化部门工作,现任广东省教育厅厅长兼党组书记。代表著作有《宋金杂剧概论》《李寿卿狄君厚集》校注本,另有话剧作品《打杂剧集》。

延保全,1964年生,山西昔阳人。1991年山西师范大学硕士研究生毕业,现任山西师范大学戏剧与影视学院院长,教授,博士生导师。代表著作有《精忠记鸣凤记校注》(《六十种曲评注》第四册)、《李行道孔文卿罗贯中集》校注本,与黄竹三先生合著《中国戏曲文物通论》。

张继红,1960年生,山西原平人。1991年山西师范大学硕士研究生毕业,现任三晋出版社社长兼总编辑。有《吴昌龄刘唐卿于伯渊集》及《六十种曲评注》之《双珠记评注》《西游记评注》等。主持出版《民国笔记小说大观》《三晋石刻大全》《山西文华》等大型丛书。2016年被评为有突出贡献专家,获政府特殊津贴。

一九八九年

3月12日—14日(农历正月十四至十六),任庄恢复扇鼓傩祭活动和傩戏演出,黄竹三实地考察记录。

是年,由于戏研所成立不久,开始招收研究生,师资力量较为短缺,所里聘请南开大学宁宗一教授来校讲授"戏剧小说研究法",陕西师范大学黄永年教授讲授"版本学",深圳大学封祖盛教授讲授"社会文化学",中央戏剧学院祝肇年教授讲授"戏剧文学",中国传媒大学周华斌教授讲授"傩文化研究",北京著名戏曲专家马少波先生讲授"戏曲改革"等。戏研所研究生景李虎、延保全、张继红还赴南开大学接受宁宗一教授指导。

10月,中国艺术研究院与湖南省戏曲研究所在湖南省怀化市联合召开第三届目连戏国际学术研讨会,黄竹三应邀参加。参会人员有来自日本、法国、加拿大与国内的学者200多人。会议期间,黄竹三不仅和其他学者有广泛的学术交流,而且观摩了辰河高腔目连戏的演出。他深深感到,民间祭祀戏剧也是戏曲文物的一种,即活的文物,或曰古代泛戏剧形态的活化石。

年底,黄竹三与景李虎赴新疆参加中国戏剧起源与西域戏剧学术研讨会。会上发表了与景李虎合作的论文《试论戏曲产生发展的多元性》,引起与会代表的广泛关注。

1989 年是黄竹三学术研究历程中的又一个重要转折点。观摩怀化目连戏演出,使他认识到祭祀戏剧的重要价值。从此,他开始涉足祭祀戏剧的研究。

《试论戏曲产生发展的多元性》是黄竹三先生在对戏曲史长期思考和对戏曲文物、祭祀戏剧研究的基础上得出的认识。文章指出宋金元时期中原地区城市、农村和边远地区(如新疆)出现不同形式的戏剧样式,阐述农村戏剧演出现状和表演特征。对农村演剧的强力张扬,在当时具有很强的超前意识,在学术界引起较大反响。该文次年发表在《中华戏曲》第 9 辑。后收入《西域戏剧与戏剧的发生》一书,新疆人民出版社,1992 年版。

是年,发表戏曲文物方面的文章一篇:《戏曲发展的重要史证——谈山西的戏曲文物》,发表在《文史知识》第 12 期。

是年,他还发表文学作品鉴赏和人物分析文章 4 篇:《构思奇特,情真意切——乔吉〔凭栏人〕〈金陵道上〉赏析》《试析乔吉〔水仙子〕〈暮春即事〉的写景艺术》《赋得豪情满太行——读薛论道〔黄莺儿〕〈塞上重阳〉》,均收入《元明散曲鉴赏集》,人民文学出版社,1989 年版;《戏曲中的第一个侠妓——关汉卿〈救风尘〉中的赵盼儿》发表在《文史知识》,1989 年第 9 期,中华书局出版。

一九九〇年

4 月 7 日—13 日,戏曲文物研究所与中国傩戏学研究会共同主办的首届"中国傩戏学国际学术讨论会"在山西师范大学举办。参加会议的代表共 118 人,其中国外代表有日本、法国、澳大利亚、奥地利、德国、瑞典等 6 国的 14 人。国内外著名的代表学者有中国剧协副主席刘厚生、中国艺术研究院副院长薛若琳、中国傩戏学研究会会长曲六乙、中国少数民族戏剧学会会长李超,日本诹访春雄教授、德国勃兰德尔教授、法国班文干教授、澳大利亚贺大卫教授等也参加了会议。会议时间 7 天。期间,代表们除进行广泛的学术交流外,还实地观看了山西曲沃任庄扇鼓傩戏演出,考察了晋南部分重要的戏曲文物。

5 月,黄竹三的《元杂剧故事新编》由山西人民出版社出版。

6 月 9 日,戏曲文物研究所编著的《宋金元戏曲文物图论》获山西省首届社会科学优秀成果一等奖。之后,又获中国图书奖。

6 月,黄竹三教授招收的第一位硕士研究生景李虎毕业,并在山西大学中国古代文学硕士点通过学位论文答辩,获文学硕士学位。

9 月,戏曲文物研究所获"戏剧戏曲学"硕士学位授予权,是山西师范大学最早的 4 个硕士点之一,硕士生导师有黄竹三、冯俊杰、张守中、林清奇、窦楷。

10 月,黄竹三教授当选中国傩戏学研究会副会长。

是年,参编《中国古代文学作品选》,负责元明清部分注释、赏析,完成 10 万字,山西高校联合出版社 1990 年出版。

一九九一年

是年秋天,戏研所招收了第三届研究生:二人,车文明、柴国珍。

其后,每年戏研所招收硕士研究生,黄竹三为他们开设《中国戏剧史》和《元杂剧研究》《明清传奇研究》等课程。黄竹三负责指导的学生还有王黑特、霍建瑜、郝丽霞、元鹏飞、赵海英、冯雨森、高建旺、张香琪等。

车文明,1961年生,山西山阴人。1994年山西师范大学硕士研究生毕业,1997年华东师范大学博士研究生毕业,现任山西师范大学副校长,戏曲文物研究所所长,教授,博士生导师。代表作有:《二十世纪戏曲文物的发现与曲学研究》《中国神庙剧场》《〈义侠记〉评注》,主编《中国戏曲文物志》,参编《蒲剧志》。

是年,山西师范大学戏曲文物研究所和临汾市曲沃县任庄村合作,恢复了扇鼓傩祭和戏剧演出。

扇鼓傩戏的发现,纠正了学术界普遍认为当今北方无傩的偏见,增添了山西祭祀戏剧的类型。中国傩戏学研究会据此决定在山西师范大学举办首届中国傩戏国际学术研讨会。会上,黄竹三与景李虎合作,提交了论文《从扇鼓傩戏看宗教祭祀在戏剧起源发展上的意义》。接着黄竹三又撰写了《扇鼓傩戏源流再探》一文,作为第二届中国傩戏国际学术研讨会论文。这两篇文章和扇鼓傩戏在中国戏剧史上的价值,引起海外学术界的注意,台湾"清华大学"王秋桂教授约请黄竹三对任庄扇鼓傩祭和戏剧演出作全面调查。当年,黄竹三与王福才、景李虎,多次到任庄考察,完成了《山西省曲沃县任庄村〈扇鼓神谱〉调查报告》,1994年在台湾《民俗曲艺》上发表。

3月,景李虎考入中山大学中文系,师从王季思和黄天骥两位教授攻读博士学位。

7 月,延保全、张继红研究生毕业,获艺术学硕士学位。延保全留所工作。

5 月,日本博士生福满正博到戏曲文物研究所作短期进修,时间一个月,由黄竹三指导。

10 月,《中华戏曲》调整,充实顾问、编委机构,山西师范大学校长陶本一任名誉主编,所长黄竹三任主编,窦楷任副主编。

是年,黄竹三的"中国戏曲文物研究"被确定为国家教委项目。

是年,黄竹三还发表两篇有关戏曲作品的评论性文章:《侠骨柔情望江亭——评〈望江亭〉》和《守坚贞断发截耳——评〈断发记〉》,收入《中国历代爱情文学系列赏析辞典》,哈尔滨出版社 1991 年出版。

一九九二年

5 月,日本博士生上田望来戏曲文物研究所作短期进修,时间 10 天。黄竹三指导。

6 月,美国加州大学伯克力分校姜士彬教授与中国艺术研究院戏曲研究所副所长廖奔来所参观访问,黄竹三陪同到曲沃任庄考察扇鼓傩戏。

9 月,戏曲文物研究所戏剧戏曲学硕士点经国家教委批准,获硕士学位授予权。

10 月 1 日,黄竹三教授被评为有突出贡献专家,获国务院政府特殊津贴。

10月,由黄竹三校注的《石君宝戏曲集》由山西人民出版社出版。

当年,黄竹三教授当选山西省古典文学学会副会长。

是年,黄竹三发表论文4篇。其中戏曲文物方面的论文1篇:《戏曲文物的历史信息价值》,发表在《戏剧艺术》第2期,后收入《亚洲传统戏剧国际学术研讨会论文集》,中国戏剧出版社,1993年版。祭祀性戏剧方面的论文3篇:与景李虎合著的《从扇鼓傩戏看宗教祭祀在戏曲起源发展上的意义》发表在《中华戏曲》第11辑,次年收入台湾《民俗曲艺》第82辑;《傩戏的界定和山西傩戏辨析》,发表在《民族艺术》第2期;与景李虎合著的《扇鼓傩戏源流再探》发表在《中华戏曲》第13辑,后收入《中国傩》一书,湖南师范大学出版社,1994年版。

在《戏曲文物的历史信息价值》一文中,黄竹三先生在对我国戏曲文物的发现和分布状况梳理的基础上,结合中国戏剧发展的不同阶段,对演出场所、角色与演出形态的雕刻绘画以及记载古代剧目和演出情况的版本、抄本等三大类型戏曲文物的历史价值进行了系统的探析。

1987年曲沃县任庄村"扇鼓神谱"的发现,对研究祭祀与戏剧的关系具有重要的价值。

《从扇鼓傩戏看宗教祭祀在戏曲起源发展上的意义》一文通过对《坐后土》《采桑》《攀道》等三种不同类型表演的分析,揭示扇鼓傩戏包括宗教祭祀向戏剧的过渡、戏剧对宗教祭祀仪式的输入以及民间娱乐形式对宗教祭祀形式的影响等多种形态。通过这些形态的分析,进一步指出,宗教祭祀仪式具有一定的稳定性,同时也具有可变性。这对研究祭祀与戏剧起源、发展的关系,有着非常重要的意义。

《扇鼓傩戏源流再探》一文首先通过对扇鼓傩戏流传和演出情况,对"京城带来"和"湖南传来"两种传说提出质疑,然后结合《扇鼓神谱》的相关内容和晋南民间祭祀、献艺的风俗,认为扇鼓傩戏是当地历代宗教民俗积淀的产物。通过扇鼓傩祭的仪式程序和傩戏演出内容的分析,他们认为扇鼓傩祭活动是宗教、民俗、文化的多元混合体,是中国古代驱傩活动和祀神献艺活动结合的产物。在它的历史发展中,既可看到它保留原来驱瘟逐疫的核心内容,又可看到它发生的变异和与其他宗教民俗的融合,显示了宗教祭祀活动的延续性和可变性。两篇文章对《扇鼓神谱》的源流演变及其与戏剧起源、发展的关系,进行了系统深入的论述。

一九九三年

1月,黄竹三赴香港参加中国傩戏傩文化国际研讨会,提交《扇鼓神谱调查报告》及有关录像资料。

是年,黄竹三赴福建参加目连戏国际学术研讨会,与会学者有来自台湾"清华大学"的王秋桂教授、日本京都大学的金文京教授、韩国汉阳大学的吴秀卿教授等。黄竹三先生在会上宣读了《试论"花目连"》一文,引起日本学者的注意,被翻译成日文,发表在日本勉诚社《日中文化研究》1996年第9号。

该文比较系统地阐述了目连救母主体故事以外故事表演的类别、渊源和特点,及其对主体故事的影响。

是年,黄竹三和副所长冯俊杰教授商议,决定对《六十种曲》进行整理研究,编著《六十种曲评注》。他们认识到古籍整理是一项艰苦的工作,尤其对古代戏曲作品的整理,困难更大,于是,他们约请全国60多位学者共同参与,对《六十种曲》所收各剧进行重新标点、注释、点评,对其本事予以考述,对作家作品进行全面品评。各剧还附编与本剧相关的文献资料,以求全为尚,可使读者一编在手,免除多方搜寻之劳。

5月,《中华戏曲》编委会改选。主编:龚和德、黄竹三;副主编:冯俊杰、窦楷、廖奔。

5月,汉城大学金学主教授率领韩国"中国戏曲研究会"一行8人来所参观访问,黄竹三、王福才与中国戏剧家协会艺术研究室主任曲六乙陪同他们到山西侯马、稷山、运城等地考察戏曲文物。

8月19日—23日,台湾"中华戏曲学会大陆戏剧艺术访问团——戏曲之旅"一行50余人来戏曲文物研究所访问座谈。该团以台湾知名学者王士仪为团长,曾永义为副团长,成员均为来自台湾各大学、学院的专家教授。戏研所是他们造访的四个地方之一,其他三地分别是北京、上海和四川。

是年,黄竹三发表文章三篇,其中《博大·精深·严谨·开拓——王季思先生的学术思想》发表于《中华戏曲》第16辑;《山西曲沃任庄〈扇鼓神谱〉调查报告》(论文),发表于台湾《民俗曲艺》第85辑;与王福才先生合作的《山西省运城市安邑镇的丧仪》,发表于台湾《民俗曲艺》第86辑。

一九九四年

5月,黄竹三、王福才、景李虎合著的《山西省曲沃县任庄村〈扇鼓神谱〉调查报告》(专著),由台湾财团法人施和郑民俗文化基金会出版。

此书详述《扇鼓神谱》存在的生态环境,抄本的流传和扇鼓傩祭与演出的恢复,扇鼓傩祭活动的组织与程序(包括游村、入坛、请神、参神、拜神、收灾、锣鼓花鼓表演、献艺、送娘娘),扇鼓傩祭的服饰、道具、乐奏、祭器,以及扇鼓傩祭的渊源与流变。指出山西曲沃任庄的扇鼓傩祭活动是多元宗教、民俗、文化的混合体,是中国古代傩祭和祀神献艺活动结合的产物,在我国宗教祭祀戏剧研究中有独特价值。调查深入,叙述周详,阐释精确,堪称调查报告范例。

是年,黄竹三撰写论文一篇:《石君宝研究三题》,发表于《首届元曲国际研讨会论文集》,河北教育出版社出版。

一九九五年

4月,北京广播学院周华斌教授带领韩国佛教大学博士研究生姜春爱来所访问,并为我所研究生做学术报告。黄竹三等陪同他们到侯马、稷山、运城、芮城等地考察戏曲文物。

10月,戏曲文物陈列室扩建。

11月28日,山西省首批重点学科评审在太原举行,中国傩戏学研究会会长曲六乙研究员、北京师范大学中文系主任李修生教授来并担任评审专家。

12月,省教委确定戏曲文物研究所为省级重点建设学科。

一九九六年

6月,黄竹三任戏曲文物研究所名誉所长,冯俊杰接任所长。

6月30日,日本"中国文化五千年"访问组来所访问、座谈,并参观戏曲文物陈列室。

是年,《试论"花目连"》一文被译成日文,在日本勉诚社《日中文化研究》第9号上发表。

是年,黄竹三先生发表学术论文三篇:《古籍中有关唐宋傩仪的记载》,发表于《中华戏曲》第18辑;《漫谈戏曲文物及其研究价值》,发表在《文史知识》第4期;《论泛戏剧形态》,发表于《文学遗产》第4期。

其中《论泛戏剧形态》一文引起学界广泛关注,同年,韩国《中国戏曲》第4辑全文转载,并于此年获《文学遗产》和广东中华文化王季思古典文学研究基金优秀论文提名奖,1997年又获山西省教委第二届人文社会科学优秀论文一等奖。后收入《东方戏剧论文集》,巴蜀书社1999年版。

关于《论泛戏剧形态》一文的构思过程,黄竹三先生回忆说:他在讲授戏曲史时,就注意到中国戏剧的起源是比较早的,大概在先秦,至迟在汉代便已萌芽,但成熟戏剧——戏曲的形成却到了宋金时期。在上千年之久的时间里,出现了诸如"东海黄公""踏摇娘""钵头""参军戏"等表演形态。它们分别具有某些戏曲的特征,如歌唱、舞蹈、说白、表演动作,但没有融为一体,还不是真正的戏剧。在探讨中国戏剧发展史时经常提到它们,却没有专门称谓,需要用一个概念来概括它们。参照社会学的"准市民"和康序先生针对元明时期戏曲理论的只言片语、不够系统而提出的"亚理论"概念,他曾尝试用"准戏剧形态""前戏剧形态"概括,但又觉得不够准确。因为这类表演在戏曲形成前已长期存在,戏曲形成时依然存在,戏曲形成和繁荣后,部分继续存在,部分消失,部分在新的土壤中不断滋生。后来吴国钦先生在一篇文章中提到"泛戏剧形态"一词,他认为这个词更合适,既能包括戏曲形成之前以歌舞表演、以假面表演和以说白表演为主的各类形态,又可包括戏曲形成之后的各种表演,还可包括傩戏、赛戏、目连戏等内容。以往治戏曲史者,在探索戏曲形成时往往瞩目于构成戏曲诸艺术因素中的一二种,而忽视其他艺术因素对戏曲形成的作用,更忽视在此之前诸艺术因素已有部分融合,因而往往各执一端,相持不下。事实上,戏曲作为一种综合性极强的艺术形态,影响它形成的艺术因素绝非一二种,在戏曲形成之前已长期存在的"泛戏剧形态"从总体上导致了中国戏曲的形成。因此,将这一形态作为一个整体,去研究这个"板块"同中国戏曲之间的关系极为重要。前辈学者也注意到戏曲形成前各种泛戏剧形态的演出,但对它们的探讨只止于宋金之前。似乎这种形态只存在于戏曲形成之前,它们的使命只在于为戏曲形成准备了各种艺术因子,而没有看到这种艺术形态在戏曲形成和繁荣后依然存在或不断滋生,对戏曲形式的丰富、种类的繁衍起着推动作用。所以,泛戏剧形态这方面的意义也非常重要。

《论泛戏剧形态》一文中,黄竹三先生根据泛戏剧多种形态的渊源和所包含的艺术因素,将其主要分为三类:以歌舞表演为主,以假面表演为主,以说白为主。文章主要对三类形态在戏剧形成之前的存在情况、戏剧形成之后的发展状况以及对戏剧形成所造成的影响等方面进行了详细的阐释。

黄竹三先生在对祭祀戏剧深入研究的基础上,在对中国戏剧发展脉络长期思考的过程中,有的放矢地提出了独到的"泛戏剧形态"理论。这一新的理论在学界产生广泛的影响,不仅引起研究者对这一形态价值和意义的重新审视,而且"泛戏剧形态"也成为学界的基本概念,被广泛使用。刘佳丽在《黄竹三戏剧史观述论》一文主要从两方面分析了"泛戏剧形态"理论的影响:第一,学界对此理论和概念的认可和运用,比如康保成《傩戏艺术源流》、元鹏飞《中国戏曲脚色新论》、张秀军《浅论中国当代杂剧艺术的泛戏剧形态》、谢柏梁《泛戏剧时代的观念与实践》等论著中都普遍接受了这一理论,并广泛使用了"泛戏剧形态"这一概念;第二,这一理论引起学界对戏剧史研究相关问题的重新思考。比如,伊维德在《我们读到的是"元"杂剧吗》一文中认为,元代在北方除了有元杂剧的表演,还有大量祭祀戏剧的演出等(刘佳丽:《黄竹三戏剧史观述论》,山西师范大学戏剧与影视学专业 2015 年硕士学位论文,第 44 页)。

"泛戏剧形态"不仅对学界产生广泛的影响,也促进黄竹三先生本人对戏剧史相关问题的重新思考。既然祭祀性戏剧和成熟戏剧同时共存,那么,它和成熟戏剧的关系如何,这也成为黄竹三先生之后长期思考的问题。这与之前戏曲发生的多元性理论遥相呼应,成为此后黄竹三先生戏剧研究的一个重要思路。

一九九七年

是年,美国密歇根大学博士生 Susan(中文名赵虹婷)到戏曲文物研究所学习,为期一年,与戏研所研究生等共同聆听黄竹三的《元杂剧研究》和《明清传奇研究》课程。

1997 年,河北省邯郸市群众艺术馆杜学德先生给《中华戏曲》编辑部来稿,介绍武安市固义村"捉黄鬼"演出中的"掌竹"。黄竹三敏锐发现,这是我国北方又一种傩戏类型,建议杜先生来年元宵节期间组织"捉黄鬼"演出。

7 月,英国牛津大学龙·彼得教授、美国加州大学伯克利分校姜士彬教授、法国巴黎大学蓝克利教授、台湾"清华大学"王秋桂教授等来所访问。黄竹三陪同他们到洪洞县霍山水神庙考察元代戏曲壁画和霍渠水利碑刻。

是年,黄竹三发表学术论文三篇:《山西洪洞县霍山水神庙及水神庙祭典文碑祭祀演剧考述》,发表于台湾《民俗曲艺》第 109 辑;《山西宗教祭祀戏剧的历史、类型和特点》,是该年中日戏剧比较研讨会论文,后收入《戏曲研究新论》,三晋出版社,2009 年版;《谈队戏》是该年中国的祭仪、音乐与戏剧及其社会环境学术研讨会论文,后收入台湾《民俗曲艺》第 115 辑,1998 年版。

一九九八年

是年元宵节期间,黄竹三和戏曲文物研究所同仁前往河北省武安市固义村对傩戏"捉黄鬼"进行考察。演出中的特殊脚色"掌竹"和流动性的演出形态,给黄竹三留下深刻印象。考察结束后,他撰写了《掌竹·前行·竹杆子·竹崇拜——河北武安固义赛祭"掌竹"考述》《傩戏:一种古老而独特的宗教祭祀戏剧——记河北武安大型傩戏〈捉黄鬼〉的演出》两文。

其中,《掌竹·前行·竹杆子·竹崇拜——河北武安固义赛祭"掌竹"考述》一文提交"98亚洲民间戏剧、民俗艺能观摩与学术研讨会",后收入《祭礼·傩俗与民间戏剧》一书,中国戏剧出版社1999年版。

2月18日,台湾"清华大学"王秋桂教授来所访问。

3月10日,黄竹三论文《论泛戏剧形态》获山西省教委人文社会科学研究优秀成果一等奖。

5月1日,山西省委、省政府授予戏曲文物研究所"山西省模范集体"光荣称号。

9月,著作《戏曲文物研究散论》由文化艺术出版社出版。该专著收录论文28篇,是黄竹三近二十年的研究总结。

是年,《中国戏剧的起源》发表于《古典文学知识》第5期。

在对山西省曲沃县任庄村"扇鼓神谱"和河北省武安市固义村"捉黄鬼"研究的基础上,黄竹三先生逐渐把祭祀戏剧的探究范围从山西扩展到全国,不仅探讨各地祭祀戏剧演出形态的共同特征,也分析山西与其他省份祭祀戏剧的差异,还从傩戏的研究扩展到目连戏的探索。此后一系列文章陆续推出。

一九九九年

3月,《中华戏曲》改由文化艺术出版社出版。

6月,法国远东学院蓝克利教授和北京师范大学董晓萍教授来所访问,达成与法国远东学院、清华大学、北京大学、北京师范大学等院校合作完成"华北水资源与社会组织"项目的意向。

9 月,韩国汉城大学博士生洪荣林(女)到戏曲文物研究所进行为期一年的学习,黄竹三指导。

12 月,黄竹三获曾宪梓教育基金会"1999 年高等师范院校优秀教师奖二等奖"。

是年,发表文章十篇,其中戏剧史方面的文章五篇:《中国戏剧的孕育——泛戏剧形态》一文,发表于《古典文学知识》1999 年第 1 期;《中国戏剧的形成——宋金杂剧(上)》,发表于《古典文学知识》第 2 期;《中国戏剧的形成——宋金杂剧(下)》,发表于《古典文学知识》第 3 期;《元杂剧的体制结构和表演特点》,发表于《古典文学知识》第 5 期;《从叙述体向代言体过渡的几种形态》,发表于《艺术百家》第 4 期。戏曲文物方面的文章一篇:《戏曲文物的历史研究价值》,发表于《中国文化报》10 月 27 日理论版。祭祀戏剧方面的文章一篇:《傩戏:一种古老而独特的宗教祭祀戏剧——记河北武安大型傩戏〈捉黄鬼〉的演出》,发表在台湾《大雅》杂志第 5 期。戏剧文学方面的文章两篇:《西厢记导读》,收入《书海引航》,山西古籍出版社出版;《元杂剧的作家和作品》,发表于《古典文学知识》第 6 期。与戏剧有关的随笔两篇:《读蒲剧艺术家十三红评传》,发表于《戏友》的增刊,12 月 15 日出版;《我和蒲剧院》,发表于《蒲剧艺术》第 4 期。

二〇〇〇年

是年,发表文章八篇。其中戏剧史方面的文章五篇:《话说南戏》,发表于《古典文学知识》2000 年第 1 期;《明清戏曲的鼎盛》,发表于《古典文学知识》2000 年第 2 期;《明清传奇的创作》,发表于《古典文学知识》2000 年第 4 期;《中国戏曲发展的新阶段——地方戏的勃兴》,《古典文学知识》2000 年第 6 期;《"参军色"与"致语"考》,发表于《文艺研究》2000 年第 2 期。戏剧文物方面的文章一篇:《两座雄伟的元代戏台》,发表于台湾《大雅》杂志2000 年第 9 期。有关戏剧研究者的纪念性文章一篇:《戏曲史研究的巨擘——纪念周贻白先生》,发表于《山西师大学报》2000 年第 2 期,后收入《场上案头一大家》一书,知识出版社,2000 年版。散文欣赏文章一篇:《以情写景,借景抒情——读〈绿色家园〉》,发表于《语文报》初中版第 210 期,2000 年 1 月 10 日。

其中,《"参军色"与"致语"考》一文论述宋代宫廷演出重要脚色参军色的渊源、服饰、职务功能、表演特点,以及所持仪物竹竿子的形状、性质、作用。并与当今祭祀戏剧同类脚色、仪物对比,指出其传承关系,揭示了宋杂剧脚色的历史演变及当今遗存。文章利用戏曲文物从微观角度论说戏曲发展,阐述精微,极见学术功力,为国家级学术刊物《文艺研究》选用。

二〇〇一年

9 月,历时八年,黄竹三、冯俊杰主编的《六十种曲评注》终告完成,全书 25 册,1350 万字,由吉林人民出版社出版。蒋星煜先生为此书作序。序文中详述了《六十种曲》的选目、版本的底本、底本的流传等情况,在"结束语"中特别指出:"《六十种曲》的评注,虽是由研究所前所长黄竹三、现任所长冯俊杰两位教授主编,具体负责评注的却不仅有研究所的窦楷、延保全等研究人员,山西其他大专院校以及北京、上海、广州、扬州等地的专家教授也都参加了。因此可以说是集中了全国的戏曲专家完成的盛举。"(蒋星煜:《〈六十种曲评注〉序——六十种曲的编刻与流传》,黄竹三、冯俊杰主编《六十种曲评注》,吉林人民出版社2001年版。)在这套丛书中,黄竹三负责评注汤显祖的传世名剧《还魂记》(《牡丹亭》),并和谭源材合作评注《幽闺记》。

是年,戏曲文物研究所由1号教学楼迁入科学会堂A座2层,戏曲博物馆建成。戏曲博物馆占地200平方米,展面达600平方米,拥有宋金墓葬砖雕100多方,碑刻拓片3000多张,文物图片30000余帧,傩戏、影戏、木偶戏用品300多件,赛社抄本及多种民间小戏剧本500余种,还有纱阁戏人等其他文物及文物复制品。

是年,黄竹三发表学术论文两篇:一篇是戏曲文物方面的,《舞楼寻踪——记现存最大和最小的元代戏台》,发表于《黄河》2001第3期;一篇是祭祀戏剧方面的,《晋冀宗教祭祀戏剧的类同性》,发表于《戏剧》2001年第3期。

二〇〇二年

4月,黄竹三和冯俊杰被上海师范大学聘为兼职教授。

5月,《六十种曲评注》获吉林省政府图书奖。

11月22日,黄竹三教授、冯俊杰教授被上海师范大学聘任为博士生导师。

12月,由黄竹三、冯俊杰教授主编的《六十种曲评注》获"第十三届中国图书奖”。

12 月 16 日,《六十种曲评注》被评为“吉林省第六届优秀图书”。

是年,黄竹三发表有关祭祀戏剧的论文一篇:《古代宗教祭祀戏剧》,发表于《古典文学知识》2002 年第 1 期。

二〇〇三年

夏,黄竹三先生退休。

2 月 16 日,日本德冈昌克建筑设计事务所清水雅史、德冈昌克和近畿大学大学院教授小野正行等一行三人来戏曲文物研究所参观戏曲博物馆。

7 月,由黄竹三、冯俊杰、王福才、延保全、曹飞、王星荣等 6 人编著的《洪洞介休水利碑刻辑录》在中华书局出版,完成了戏研所与法国远东学院的合作项目“华北水资源与社会组织”。

此书影印洪洞、介休两地全部水利碑刻原碑,按原碑格式整理碑文,并对碑文断句、标点、注释,指出碑文的价值,为碑文整理探索新的途径。

是年,黄竹三发表有关祭祀戏剧的论文一篇:《上党祭祀活动中的“供盏献艺”》,发表于《大戏剧论坛》第 1 辑,北京广播学院出版社,2003 年版。

二〇〇四年

2004 年,广州中山大学召开第一届中国古典戏曲国际学术研究会,黄竹三应邀参加会议。会上他发表了题为《锣鼓杂戏的历史发展与当前生存状态》的学术报告。

会议期间,台湾曾永义先生约他撰写这方面的专著,在台湾出版。他觉得这可以增进海峡两岸的学术交流,慨然应允。回校后便与延保全商议,决定撰写《戏曲文物通论》。

二〇〇五年

1月,《〈牡丹亭〉评注》单行本在山西古籍出版社出版。此书列入该社《中国家庭基本藏书》之"戏曲小说卷"。黄竹三先生随后为该丛书题词:"说部菁华,曲苑妙裁。"

10月,黄竹三教授荣获首届"科教兴晋突出贡献专家"称号。

二〇〇六年

是年,《牡丹亭评注》单行本由山西古籍出版社再版。

7月,在山西省潞城市南贾村举行中国长治赛社与乐户文化国际学术研讨会。黄竹三应邀参加,在会上做了题为《中国戏剧表演的流动性》的学术报告。

是年,还发表两篇戏剧文物方面的论文:《中国古代戏曲演出场所的演变及其文化价值》,发表于《中国非物质文化遗产》第10辑,中山大学出版社,2006年版;《二十世纪戏曲文物的发现及其在戏曲史研究上的意义》,收入《中国古代戏研究论辩》,百花洲文艺出版社,2006年版。

二〇〇七年

7月,在山西省五台山举办"黄竹三教授七十初度暨戏曲研究新思路漫谈会",与会代表有黄竹三教授的师友、已毕业的历届研究生、校内有关单位的代表和戏研所全体成员,共计60余人。

12月,黄竹三赴日本参加"'散乐与假面'国际学术研讨会",并在会上作了《中国中世戏剧与假面》的学术报告,报告中他谈到"泛戏剧形态"问题。日本学者觉得很有意义,认为这一概念对日本歌舞伎、能乐、狂言等表演形态的定位很有帮助。因此希望他两个月后,专门就元代以前中国戏剧的发展脉络和泛戏剧形态理论,再具体、深入地给他们讲解。《中国中世戏剧与假面》后发表在《中华戏曲》第37辑(2008年)。

《中国中世戏剧与假面》一文中,黄竹三结合大量的戏剧文物,对中世戏剧(也即戏剧的孕育形成期)初期和后期的假面表演进行了系统、详细的分析。在此基础上,对中世戏剧假面表演对近世原生态戏剧(又称祭祀戏剧)和观赏性戏剧的影响进行了探讨。

是年,黄竹三撰写的《我的治学道路》,发表于《轨迹心声》第10期(山西师范大学2007年)。后收入《戏曲研究新论》,三晋出版社2009年版。

2002年参编《蒲州梆子志》,任副主编。此书300万字,2007年由山西教育出版社出版。

二〇〇八年

是年,《牡丹亭评注》单行本由山西古籍出版社第三次印刷。

2月,黄竹三教授赴日本早稻田大学戏剧博物馆讲学,讲学的内容为中国戏剧的历史发展,重点在中国戏剧产生的多元性、泛戏剧形态的概念、分类、各类演出特点,对后世中国戏剧形成的影响。讲授时以文物图片配合解说。讲学为期半月,听众为戏剧博物馆馆长、早稻田大学研究中国文学的教授、博士研究生和外校的专家学者。讲授内容预先打印,分日文和中文两种,由听众选取。讲授全程录音录像。讲授结束,由竹本乾夫馆长陪同考察日本戏剧博物馆和能乐戏台。

5 月 30 日,黄竹三与车文明、王福才出席台湾世新大学中文系举办的第一届两岸韵文学学术研讨会。黄竹三在会上发表论文《上党祭礼前行词初探》。此文后来收入第一届两岸韵文学学术研讨会论文集《从风骚到戏曲》。会议期间,受台湾"中央大学"洪惟助教授邀请,次年到该校讲学。

是年,黄竹三发表学术论文两篇:《试论中国戏剧表演的多样性》一文发表在台湾《戏剧研究》第一辑(创刊号);《从山西仪式剧的演出形态看中国戏剧的特质》,发表在《文化遗产》2008 年第 1 期。

《试论中国戏剧表演的多样性》一文主要分析了中国戏剧表演形式的多样性,表现为多元发生、多地存在,样式多样。这与其戏剧发生的多元性、泛戏剧形态等理论相呼应,形成了黄竹三自身系统完整的戏剧发生、发展的理论,表现了黄竹三先生在戏曲研究领域的深入开拓,并可以看到其学术思想发展的清晰路径:最初从事戏曲文学作品研究,二十世纪八十年代,涉足戏曲文物研究之后,发现农村演剧繁盛,于是提出农村也是戏剧演出的重要阵地,并且从现存戏曲史料(包括戏曲文物和文献资料)

农村演剧场所的出现早于城市来看,提出戏曲源于农村的认识。二十世纪九十年代,又开始涉猎祭祀戏剧,在考察诸多地方存在的傩戏、赛戏、目连戏等戏剧形态后,提出戏剧发生的多元性(不同时间,不同地点),泛戏剧形态的广泛存在,戏剧表演的多样性。每一次学术领域的拓展,都在不断推动着黄竹三先生自身的学术思路不断提升,也推动着戏剧史研究的发展进程。

二○○九年

黄竹三与延保全合著的《戏曲文物通论》由台湾"国家出版社"出版。

《戏曲文物通论》的撰写历时五年,是我国第一部系统研究戏曲文物的学术专著。此书阐述了戏曲文物的定义、类型和研究意义,概括了戏曲文物研究的分期和各阶段的成就、特点,详述了戏曲孕育期演艺文物、形成期演剧文物、成熟期戏曲文物的性质、种类、数量、形态和价值,并在此基础上揭示了戏曲发展不同时期演出场所、脚色行当、服饰、化妆、道具、乐器的衍变,并置于历史发展和文化层面上来认识。全书论述严谨,资料丰富,图文并茂,论从图出,收入各时期珍贵戏曲文物图片三百余帧,并附有详细说明,对不同时期戏曲的演出状况论说周详,见解多有卓异之处,如戏曲产生的多元性、戏曲形成时期的泛戏剧形态、戏曲形成和繁荣的乡村城市相互影响、戏曲表演的多样性等,对我们重新认识中国戏曲发展颇有启发。特别值得一提的是,有些戏曲文物是作者在田野考察中的首次发现,具有很高的资料价值。

通过这些文物资料，可以与文献资料相印证，加深我们对原有戏曲史料的认识；补充史料记载的不足和遗漏，纠正学界对戏曲艺术的某些错误见解；填补以往史料的某些空白；结合祭祀民俗活动和原生态戏剧演出，还可以引发我们对戏曲发生发展历史的深入认识。

该书突出的成就主要有两个方面：一是在戏曲研究的方法上，将新发现地下地上之文物资料、通过田野考察得来之口碑资料和历史记载之文献资料相互印证，以研究戏曲文化；二是结合戏曲文物对戏曲史重要问题的重新审视，为戏曲文物学的建立奠定了基础。

2009 年在台湾出版后，引起山西出版部门的重视，山西教育出版社和三晋出版社联合向黄竹三、延保全约稿，安排再版事宜。

夏，黄竹三赴台湾"中央大学"讲学。讲学内容为中国戏剧产生发展的多元性，泛戏剧形态的概念、分类、各类表演特点、发展演变，宋金杂剧的类型、表演特点和演变。讲学期间，还前往台湾大学、世新大学作了两次学术报告。

是年，黄竹三发表文章三篇：《〈民族文学与戏剧文化研究〉序》，见《民族文学与戏剧文化研究》，山西古籍出版社 2009 年版；《成果斐然，别具特色——台湾"中央大学"戏曲研究述评》，发表于《中华戏曲》第 40 辑；《难以遗忘的回忆》，发表于《长安文学》2009 年。

二〇一〇年

历时一年多，新版的《中国戏曲文物通论》由山西教育出版社、三晋出版社联合出版。

新版的《通论》在原来的基础上，又增加了戏曲文物的发现及研究分期和戏曲文物中展现的服饰、化妆、道具、乐器五章内容，字数也增加至 30 万，并添加较多珍贵图片。全书改称《中国戏曲文物通论》，前半部分从纵向上进行论述，后半部分从横向进行分析，纵横结合，更为全面和深入。由中山大学黄天骥先生作序。该著作于 2012 年获中华优秀出版物提名奖及山西出版传媒集团特别奖，2014 年获山西社会科学优秀成果著作一等奖。

是年，应中山大学康保成教授的要求，黄竹三撰写了《〈中国古代戏剧形态研究〉评议》一文，发表在《文化遗产》2010 年第 3 期。

二〇一一年

6 月，诗集《浮生诗草》由三晋出版社出版。

诗集中收录了黄竹三先生多年来撰写的诗作三百首，分"初涉世事""文革记趣""山村漫忆""三晋春色""神州览胜""山河撷英""菊部寻芳""梨园杂咏""访学游踪""百花吟颂""闲情偶寄""亚运赞歌""社会议评""晚霞遄飞"十五个部分，记录了先生半生的经历和感情。

是年，黄竹三发表文章 3 篇：《特色濒危剧种生存对策之我见——以山西地方小戏为案例探讨》，发表于《文化遗产》2011年第 2 期；《周贻白先生与戏曲文物》，发表于《艺术学界》第 7辑，中国传媒大学出版社 2011 年版；《山村漫忆》，发表于《传记文学》2011 年第 12 期。

二〇一二年

是年,黄竹三先生发表回忆文章 2 篇:《戏剧考古忆记》,发表在《传记文学》2012 年第 1 期;《看戏》,发表于《传记文学》2012 年第 5 期。

二〇一三年

1 月,第八届全国戏剧文化奖"剧本奖"和"戏剧理论评论奖"揭晓。黄竹三教授与中山大学黄天骥、南京大学吴新雷、华东师范大学齐森华四人荣获"戏曲教学与研究终身成就奖"。

是年,《中国戏曲文物通论》获第四届中华优秀出版物奖之图书提名奖。

是年,黄竹三发表论文 1 篇:《关于中国乡村演剧的几点思考》,发表在《中华戏曲》第 43 辑。

山西师范大学地处临汾一隅,黄竹三先生能获此殊荣,足见其学术研究和学科建设的影响得到了学界广泛的关注和肯定。

二〇一四年

5 月,黄竹三、延保全合著的《中国戏曲文物通论》荣获山西省第八次社会科学研究优秀成果一等奖。

冬,山西师范大学张勇风应《文艺研究》杂志社的委托,就黄竹三先生的学术研究和戏曲文物学学科建设的相关问题向黄先生进行多次访谈。

访谈中，黄竹三先生就学界重视成熟戏剧而较为忽视文学性和艺术性似乎不够强的祭祀性戏剧的现状，谈到了他对于民间祭祀戏剧价值的新认识。他谈道：以往研究戏剧，多从文学角度进行。戏剧研究，尤其是民间祭祀戏剧研究，其实还可以从文化角度进行，探讨它与民俗文化、庆赏文化、祭祀文化之间的关系。在戏剧形成时期，各类泛戏剧形态已与民俗活动、庆赏活动、祭祀活动相结合。在戏剧发展成熟时期，戏剧也是民俗、庆赏、祭祀活动的重要组成部分。戏剧内容的变化，往往乃民俗使然。因此，研究戏剧，特别是民间祭祀戏剧，不仅要从文学角度、艺术角度探讨它的社会价值、艺术特点和技艺成熟程度，更要从民俗、宗教等文化属性角度来探索它在中国传统文化中的地位和所具有的意义。黄竹三先生对民间祭祀戏剧价值的认识，是建立在他对民间祭祀戏剧长期考察和不断思考的基础上的。

二〇一五年

2月，《黄竹三学术论文自选集》由三晋出版社出版。该书收入黄竹三先生学术论文47篇，其中"戏曲文本研究"10篇，"戏曲文物研究"9篇，"祭祀戏剧研究"15篇，"戏曲史研究"13篇，并附录了"黄竹三学术经历、著作及文章"。

5月，山西师范大学文学院张勇风撰写的《文物开发成剧学——黄竹三教授访谈录》，在《文艺研究》发表。

该访谈录主要包括黄竹三戏曲文物研究路径的选择和他在戏曲文物、祭祀戏剧、戏曲文学、戏剧史等方面的学术成就及其对山西师范大学戏曲文物学学科建设所做的贡献等内容。

冬，为中国艺术研究院"中国近代戏曲论著集成"研究项目审查材料。

5月，山西师范大学戏曲文物研究所硕士研究生刘佳丽撰写的硕士学位论文《黄竹三戏剧史观述论》完成。

刘佳丽认为，黄竹三先生在长期对戏曲文物、祭祀戏剧、戏剧文学和戏剧史思考和研究的基础上，提出了戏剧史方面的四大重要观点：戏曲产生的多元性与演出的多样性、城乡演剧的同步性、泛戏剧形态、北方有傩，在学界产生了广泛的影响。文章主要对这些观点提出的背景、具体内涵及其在学界的影响进行了较为全面的分析和阐述，是对黄竹三先生戏剧史观的一次系统梳理。

二〇一六年

2月，拟参加台湾大学举办的曾永义先生"戏曲成就与薪传国际学术研讨会"，撰写《中国戏曲演出的文化解读》论文，并向研讨会提交。

3月，黄竹三应曲六乙研究员的邀请为《中国少数民族戏剧史》作序。

4月，在山西师范大学戏曲文物研究所和文学院做学术报告。报告题目分别为《关于中国乡村演剧的几点思考》《中国戏曲演出的文化解读》《论泛戏剧形态》《戏曲文物研究的价值》。

二〇一七年

3月，《石君宝集》收入山西省大型历史文献丛书《山西文华》之"著述编"再次出版。

4月,书评《一部填补中国戏剧史研究空白的学术巨著——评曲六乙先生新著〈中国少数民族戏剧通史〉》,在台湾"中央大学"《戏曲研究通讯》第10期发表。

5月,《中国戏曲演出的文化解读》一文,收入台湾大学《曾永义先生戏曲成就与薪传国际学术研讨会论文集》。

此文从古今庆赏活动、民俗活动、祭祀活动的戏剧演出中探索中国戏剧的文化特征。指出以往从文学、艺术角度研究戏曲,主要着眼于它的思想内涵,反映社会生活的深度广度,艺术上取得的成就等。但社会民俗活动中的戏曲演出,特别是祭祀戏剧的表演,其思想艺术成就不一定很高,但它具有独特的文化价值。文章主要从三方面进行了阐述:首先,显示了民俗文化的丰富性;其次,显示了戏曲形态的多样性;第三,显示了戏曲发展的渐进性。从文化角度阐述中国戏剧特质,为前人所未道,具有重要的学术价值。

7月,黄竹三与延保全合著的《中国戏曲文物通论》(英文版),由王黑特主持翻译,北京文津出版社出版,海外发行。

7月,《中国戏曲文物通论》中文修订本由山西教育出版社与三晋出版社联合出版。

7月,诗集《晚霞吟草》撰成,收入近年写作的200首诗词,及部分插图、照片。分"畅游""清景""交谊""感怀""社评""悼思""风情""病吟""网讯"九个部分,记录近年的感遇和思想。诗集由郭启宏先生作序,三晋出版社出版。

附 录 一

文 物 开 成 为 剧 学

——黄竹三教授访谈录

《文艺研究》编者按：黄竹三，1938 年生，广东省开平县人。山西师范大学教授，曾任山西师范大学戏曲文物研究所所长，《中华戏曲》主编，中国戏曲学会常务理事，中国傩戏学研究会副会长。1991 年，被评为有突出贡献的专家，获国务院政府特殊津贴。2013 年，获第八届全国戏剧文化奖"戏曲教学与研究终身成就奖"。戏曲文物学的开拓者和奠基人之一。著有《戏曲文物研究散论》《中国戏曲文物通论》等，主编《宋金元戏曲文物图论》和《六十种曲评注》。本刊特委托山西师范大学文学院张勇风博士采访黄竹三教授，整理出这篇访谈以飨读者。

一

张勇风　黄先生，您好！您在戏曲文物、戏曲史、祭祀戏剧、戏曲文学等方面的研究享誉海内外，尤其对于戏曲文物学的学科建设贡献卓著。我受《文艺研究》编辑部委托，希望您谈谈三十多年来的学术经历和治学体会。

黄竹三　谢谢《文艺研究》安排的这次采访。

张勇风　从事学术研究,选择研究对象很重要。请谈谈您是何时开始进行戏曲研究,后来又是为何进入戏曲文物研究这一新领域的。

黄竹三　我1957年考入中山大学中文系,1961年有幸跟随著名戏曲史专家王季思先生读研究生。20世纪70年代中期,到山西师范学院(山西师范大学前身)工作后,开始进行戏曲研究。最初模仿王先生的研究路径从文本角度研究古代戏剧,着重在元杂剧。从元杂剧的人物形象入手,如清官形象、封建叛逆形象、爱国将领形象、回头浪子形象等等,探讨其形象价值、社会意义和人物塑造手法。我曾研究过元杂剧系列剧目,如《墙头马上》《窦娥冤》《望江亭》《救风尘》等,撰写了普及读物《元杂剧故事新编》。当时山西师院古籍资料欠缺,连《古本戏曲丛刊》也没有。这种研究又湮没于当时从社会学角度、从文本研究戏曲的洪流中,缺乏学术个性,因此,感到需要寻找学术突破口。1980年春,中国社会科学院吴晓铃先生来山西进行学术考察,指点我可以从事戏曲文物方面的研究。这与1965年我离粤赴晋前恩师的叮嘱不谋而合。其后不久,南开大学宁宗一先生带领研究生来临汾考察戏曲文物,我有幸陪同,看到一座座雄伟壮丽的元代戏台,被深深地震撼了。强烈地认识到,从事戏曲文物的调查与研究是极有学术价值的,从而确定进入戏曲文物这一新的研究领域。

张勇风　古代戏台、戏曲碑刻等戏曲文物往往留存于穷乡僻壤,考察非常辛苦。您能不能谈谈印象深刻的经历?

黄竹三　当年的田野考察是比较艰苦的。考察对象多在非常偏远的村落,交通不便。近的地方,可以骑自行车前往考察;远的地方,只能乘长途汽车到其所在的县城,再租县招待所的自行车前往。考察中,经常会遇到意想不到的事情。比如,有一次到新绛县考察,听说吴岭庄发现了元代墓葬,我们骑自行车奔波数十里到达村里。按着村民的指点到庄稼地里一看,是个深坑,下不去。借来一个木头拼接的梯子,踩着摇摇晃晃的梯子下到墓里。光线很暗,手一摸,一个骷髅头,再一摸,一把头发,不禁毛骨悚然。就这样,我们发现了元代初年的戏曲砖雕。再如去平顺县考察的那次。我们在《山西日报》看到平顺县东河村九天圣母庙发现宋代戏台的报道,立即赶了过去。从县城乘两个小时的长途汽车到了东河,庙内确实有一座古代戏台,不过是清代的,令我们大失所望,但我们在庙廊却发现一通刻有修建舞楼年月的宋代碑刻,又令人欣喜欲狂。考察结束,赶上下雨,没车返回平顺县城,我们只好徒步前去长治市。一路泥泞,艰难跋涉,天黑了,到达一个小山村。村里的生产队长热情,安排我们在队里唯一的一间客房住下。没吃的,只好饿着肚子睡觉。我们脱得光光的,把衣服打成卷吊到房梁上,免得跳蚤钻到衣服里,然后赤身钻到黏糊糊发黑的被子里。但太累了,还是睡得很香。早晨醒来,发现全身被咬的都是包。起床后我们继续赶路,路过一个果园时,买了一些落树的果子,才填了填肚子。

张勇风　您是广东人,生在珠江之滨,长在南海之畔,研究生毕业后来到山西工作。环境差异那么大,能坚持下来,真是很不容易！

  黄竹三 是啊！1965 年 8 月,我中山大学研究生毕业,"一纸调令"被分配到山西轻工业学院任教。1970 年,全国掀起干部下放热潮,"一纸调令",又让我成为一名"五七战士",下放到山西省大宁县太德公社龙吉大队。1973 年 8 月,"一纸调令",命我到山西师院任教。刚到山西时,确实很不适应,尤其是下放到龙吉大队的那三年。这个村在大宁、隰县、永和三县交界的太德塬上,只有三四十户人家,塬高沟深,人烟稀少。在龙吉,最大困难是吃水用水。水要到塬下百米深的沟里去挑。沿着崎岖的山路下到沟里,要走半个多小时,挑水上山回到村里,要一个小时。山路很陡,没有平的地方,路上无法休息,只得左右肩膀倒腾着,非常吃力。我隔天去挑一担水,回来吃用两天。有一次挑水,不小心踩着猪粪,滑了一跤,幸亏手疾眼快,急忙扶住一桶。那桶水全家三口得用两天,怎样用呢? 一天两顿饭,每人所用的碗筷,早饭后不洗,晚饭后再洗,拿一个漱口用的搪瓷缸子,半缸水先洗一遍,然后再用半缸水过一遍。用过的水,舍不得倒掉,拿给邻家去喂猪。南方到处都是水,与这里真有天壤之别。

  张勇风 1984 年,山西师范大学戏曲文物研究所成立,这是全国第一个以戏曲文物为研究对象的专门科研机构。这个研究所的建立与你们最初的积极探索和取得的成绩密切相关。请谈谈建所之前你们做的工作。

  黄竹三 建所之前,我们已搜集了一批戏曲文物资料,撰写了若干有一定学术价值的论文,得到学界的初步认可。确定主攻戏曲文物研究后,我便利用课余时间与杨太康、窦楷、张守中等几位同仁组成"戏曲文物研究小组",开始进行田野考察。我们先后考察了晋南和晋东南地区的许多县市的村落,获取了丰富的第一手资料。1980 年 8 月,在新绛吴岭庄卫家墓,我们发现了一批元初戏曲砖雕。这批砖雕的时代介于金代侯马戏俑和元中叶洪洞水神庙戏剧壁画之间,在戏曲史研究上具有重要意义。回校后由我执笔,写成《元初戏剧演出的重要史证——山西新绛元墓戏雕考述》,发表于《山西师院学报》1981 年第 2 期。这篇文章引起学术界的注意,《中国戏剧年鉴》1983 年予以全文转载。1982 年 8 月,我们又在平顺县东河村九天圣母庙发现了北宋元符三年(1100)所立的《重修九天圣母之庙碑记》,在沁县城关关圣庙发现了北宋元丰三年(1080)所立的《威胜军新建蜀荡寇将□□□□关侯庙记》。这两通碑文皆有修建舞楼的记载。连同之前我们在万荣县桥上村发现的北宋天禧四年(1020)所立的《创建后土圣母庙碑记》(该碑亦有关于修建"舞亭"的记载),一共发现了三通记载建造戏台的北宋碑刻。又由我执笔,写成《从北宋舞楼的出现看中国戏曲的发展——山西中南部三通戏剧碑刻考述》,结合文献资料,述说了北宋山西农村戏剧活动的繁盛,认为乡村演剧早于城市,戏剧的形成并不完全是城市经济发展所导致。这种看法在当时可以说是独树一帜了。文章发表于《蒲剧艺术》1983 年第 2 期,1984 年收入江苏古籍出版社《曲苑》第 1 辑。1984 年,山西师范学院更名为山西师范大学,新任校长陶本一认为我们的研究有特色,决定成立戏曲文物研究所。山西省教育厅下拨三万元作为开办经费。这样,我们这个"民间组织"便升格为正式学术单位,我被任命为研究所的所长。

张勇风　陈寅恪先生曾说:"一时代之学术,必有其新材料与新问题。取用此材料,以研求问题,则为此时代学术之新潮流。治学之士,得预于此潮流者,谓之预流。"戏曲文物研究现在已成为戏曲学的一个重要分支。除了主观努力之外,是什么契机使您得风气之先参与这方面研究的?

黄竹三　应该说是天时、地利、人和吧。山西师大所在地——临汾,属古河东地区,为戏曲艺术发祥地之一,留存有丰富的地上地下戏曲文物,为我们开展研究提供了便捷的地利条件。我们进行戏曲文物研究之初,也是改革开放之初,各地纷纷开展农田水利工程或现代化建设,为地下文物的发现提供了契机。戏曲文物的大量发现,又和我们积极主动地进行地毯式的田野考察有关。我们的研究开始也没有什么"预流"意识,就是实事求是地做一些工作吧。比如我们在新绛吴岭庄卫家墓发现大批模制的元初戏曲砖雕,说明当时民间戏剧演出已相当繁盛。联系晋南民众"好祀鬼神"的民俗传统,我们才突破"戏曲形成并繁荣于城市"的传统观点,指出元代初年,我国戏剧除城市外,在广大农村也有频繁的演出,其繁荣盛况不仅是当时政治经济的产物,也是特定地区历史文化,包括民俗和宗教活动等发展的结果。可以说,我们的每一个新发现、每一项新的研究成果,都是在田野考察所获得的文物资料的基础上,结合相关文献资料总结而成。这也成为戏曲文物研究所长期坚持的基本准则。

二

张勇风　每个学科都有一个不断积累、发展的过程,戏曲文物研究也是如此。在您之前,戏曲文物研究现状如何?

黄竹三　20世纪以前,已经有个别戏曲文物被一些文人著作和各种方志的"祠庙""金石"等部分记载,但仅仅是被作为一般文物简单地收录,没有揭示其在戏曲史上的价值。20世纪30、40年代,有一些戏曲文物被发现,主要是古戏台和戏曲绘画、戏曲碑刻,发现者大多不专门从事戏曲研究,所以对所发现的戏曲文物仅作简单的介绍或说明,没有从戏曲发展角度进行论析。50—70年代,戏曲文物发现渐多,种类也更丰富,发现者主要是考古、文物工作者。他们对戏曲文物的发现过程、具体情况进行了描述。这一时期开始有少数戏剧史专家初步联系戏曲发展历史进行探讨,但这些专家往往是大城市的大学教授或研究机构的专家。他们较少有机会离开工作岗位专门进行田野考察,且受经济条件的限制,往往是别人发现后才去调查研究。比如中国艺术研究院的刘念兹先生,从山西文化部门了解到洪洞水神庙发现元代戏剧壁画,遂去调查、记录、研究,写出《元杂剧演出形式的几点初步看法——明应王殿元代戏剧壁画调查札记》一文。中央戏剧学院的周贻白先生,获悉侯马董氏墓的信息,前往调查并写出《侯马董氏墓中五个砖俑的研究》一文。这一时期的研究,只是一些分散的、个别的成果。直到80年代初,才开始有人主动地进行戏曲文物调查。河南省考古所的周到先生应该说是比较早的,而戏剧性在于,他调查戏曲文物,写文章予以介绍,并未得到单位的肯定,反而被责为"不务考古的正业"，可见当时戏曲文物研究的观念还很薄弱。以戏曲文物为专门研究对象，创立有建制的独立研究机构，组建学术团队，主动地进行大规模的专业研究，开启戏曲文物研究的风气，应该说是从山西师范大学开始的。我们在对大量戏曲文物进行全面、系统的考察、记录、搜集、整理的基础上，撰写了一系列学术论文和专著，在海内外产生了一定的影响。

张勇风　刘念兹先生说过，戏曲文物学是戏曲艺术学与考古学相结合的产物，是运用考古手段研究戏曲历史现象的一门新兴的边缘学科。开展戏曲文物研究之初，您在方法上有哪些探索？

黄竹三　可以说是一步步摸索吧。最初进行戏曲文物考察，就只会拍照、丈量。对于墓室，只能区分前室、后室、耳室。对于砖雕的戏剧脚色形象，只是大概描述一下，也不知道幞头、浑裹、簪花为何物，竟将幞头称为官帽。后来翻阅相关资料，才逐渐增加了知识，能用专业术语来进行描述。拓碑技术原来也不懂，在西安大雁塔看到别人操作之后，我们就模仿，经过反复尝试才慢慢学会了。我的研究，着重在利用新发现的戏曲文物来分析当时的演剧情况，并与其产生前后的演出对比来观照戏曲的演变发展，而不在描述戏曲文物形态本身。对于古戏台的建筑结构，比如屋顶形制、斗拱、铺作、榫卯之类如何安排，到现在我也没弄得很清楚。我所后起之秀车文明重在对古戏台的探究，他不仅能从文物学方面规范地进行描述，而且对于戏台的建筑结构，钻研也越来越深入。另一位后起之秀延保全则重在对砖雕、戏俑等进行探究，对戏曲脚色形象的描述也更为详细、专业。现在已离开研究所的景李虎、王廷信,则在祭祀戏剧、艺术研究等方面卓有成就。

张勇风　明确研究对象,形成方法体系,是一门学科得以建立的基础。作为戏曲研究的一个重要分支,戏曲文物学的研究对象和研究方法主要有哪些?

黄竹三　戏曲文物,指存留在地上和埋藏在地下的有关戏曲的历史文化遗物,包括舞台建筑、与戏曲有关的绘画、雕刻、砖石题记、新发现的传抄或版印的剧本、资料以及各种墓葬遗物等。它部分与文学剧本、戏曲文献重叠,区别在于剧本、文献为已知传世者,文物则为新发现的、世所未知者。以上诸种,为戏曲文物研究的对象。戏曲文物学就是探讨戏曲文物的发现、历史发展、文物的性质、特点、价值和意义,这有助于对戏曲发展历史的理解。研究方法主要包括:(一)深入实地进行田野考察,及时发现、记录、拍摄与保存戏曲文物。(二)利用他人已发现之戏曲文物资料、考察报告进行对比研究。(三)将新发现之文物置于其产生的时代背景下进行认识。(四)对照传世之文献资料,找出异同。为文献所记载,印证之;为文献所误记,纠正之;为文献所缺记,补充之。(五)以今天的文史理论重新认识、分析、概括规律,不仅用社会学的理论,还可用艺术学、心理学、接受美学、文化人类学、经济学、市场管理学等理论进行探究。

张勇风　您于1987年主编的《宋金元戏曲文物图论》填补了同类著作的空白,在海内外影响很大。据说编辑这本书的经过还有些波折?

黄竹三　新绛吴岭庄卫家墓元初戏雕发现后,我们撰写的《元初戏剧演出的重要史证——山西新绛元墓戏雕考述》一文发表在《山西师院学报》,后被《中国戏剧年鉴》全文转载。中国社科院的吴晓铃先生随即批评山西有关部门。由于此前吴先生来山西考察时,相关人员对他说只能参观,不得写文章发表。我们写文章发表是有隐情的,因为我们是直接去当地考察,成果也只是发表在我校学报上。据悉该部门后来下达一道禁令,所有高校,尤其是山西师院戏曲文物研究所去考察,一律不许接待。1985年中国艺术研究院戏曲研究所的龚和德先生为《中国大百科全书·戏曲曲艺卷》收集资料,遂来到我校。他看到资料后,建议我们编辑《戏曲文物图录》。我认为这个建议很好,但如果加以理论阐述,图论结合,似乎更有学术价值。于是全所同志合作,编成了《宋金元戏曲文物图论》。此书出版后,获得国家图书奖,在国内外学术界产生了一定影响。日本学者矶部彰先生来华访问,一下买了三十多本,作为他的学生学习中国戏曲的教材。

张勇风　您和延保全合著的《戏曲文物通论》于2009年在台湾出版,2010年山西教育出版社和三晋出版社又联合推出该书的扩展版。这是最早关于戏曲文物全面、系统的史论性著作,您能否谈谈这本书出版的经过和主要内容?

黄竹三　台湾大学曾永义教授与我在大陆学术会议上多次见面,逐渐熟悉,他认为我们的戏曲文物研究是一条新路子,也知道我对戏曲文物有所探究。2004年在广州国际学术研讨会期间,曾先生约我撰写这方面的专著,免费在台湾出版。我觉得这可以增进海峡两岸的学术交流,很有意义,慨然应允。回校后与延保全商议,决定撰写《戏曲文物通论》。该书主要阐述戏曲文物的定义、类型和研究意义,戏曲文物研究的分期和各阶段的成就、特点,详述戏曲发展不同阶段遗留文物的性质、种类、数量、形态、分布及其价值,还着重分析戏曲文物中展现的演出场所、脚色行当和宋金杂剧脚色形象图考等,全书二十万字,三百多帧图片。出版后反响不错,引起山西出版部门的注意,向我们约稿,并安排再次出版事宜。于是,我们又增加了戏曲文物中展现的服饰、化妆、道具、乐器四章内容,字数也增加至三十万,并添加较多珍贵图片。全书改称《中国戏曲文物通论》,前半部分从纵向进行论述,后半部分从横向进行分析,纵横结合,似乎更为全面和深入。

张勇风　近三十年来,戏曲文物研究越来越引起学术界的重视。您认为戏曲文物的研究价值主要体现在哪些方面?

黄竹三　我认为主要有以下四个方面:首先,可以与历史文献资料相印证,加深对原有戏曲史料的认识。如宋杂剧的演出情况,据文献资料记载分艳段、正杂剧、杂扮三段演出,这一记载是否正确呢?1958年河南省偃师县酒流沟水库西岸宋墓中出土的三块雕有杂剧演出图像的砖雕,证明文献记载可信,也鲜活地呈现出宋杂剧三段演出的形态。其次,可以补充史料记载的不足,纠正学界对戏曲研究的某些错误见解,弥补遗漏之处。如文献史料只记载北宋京城汴梁和南宋京城临安的杂剧演出,农村地区的演剧情况记载很少,以往治戏曲史者据此认为戏曲是在城市经济繁荣和市民文化需求的基础上形成的。近三十多年来,不仅在山西、河南、四川、江西等地农村地区发现大批戏雕、戏俑、戏剧壁画、戏剧碑刻和众多的戏台建筑及遗址，而且从山西农村发现的三通宋碑中所记修建舞亭、舞楼的时间，要远远早于文献资料记载中城市戏曲演出的时间，从而使戏曲学界长期流行的"戏曲源于城市"的认识发生动摇。再次，可以填补以往文献史料的某些空白。比如对于历代演剧场所，文献史料较少涉及。全国各地存留的古代演艺场所多种多样，数量极丰，形态各异。宋、金、元时期，演艺场所有露台、舞亭、舞庭、乐楼等，从没有顶盖的台子发展到有顶盖的戏台，从亭子式的四面观演变为三面观，最后发展到一面观，显示了表演场所的演变轨迹。这些演剧场所与神殿从较近到较远，由此可以看出古代农村戏曲演出与祭祀活动的密切关系以及娱神、娱人功能的演变。最后，结合某些戏曲文物和原生态戏剧演出，还可以引发我们对戏曲发生发展和一些戏曲文化现象的深层次思考。比如河北省武安市固义村的队戏《调掠马》、山西省曲沃县任庄村扇鼓祭祀的献艺节目《坐后土》等，都属于叙述体向代言体的过渡形态，可以引发我们对戏剧发生的思考。又如大量民间社赛和驱傩演剧形态的发现，我们可以推断，宋、金、元时期，在广大农村地区，除了有成熟戏曲样式——宋、元南戏和金、元杂剧演出外，还应该有"诗赞体""词话体"等泛戏剧形态的演出存在，这对于丰富中国戏剧史具有非常重要的意义。

张勇风　中国戏曲史研究中，文学文本研究在传统上占据主流地位，现逐步转向演剧史研究。您怎样评价戏曲文物研究在此过程中发挥的作用？

　　黄竹三　戏曲作为舞台表演艺术,戏曲史应是一部立体多维的演剧艺术史。但由于文献资料对戏曲的演出情况记载甚少,致使传统的中国戏曲史,主要是戏曲文学史,以作家、作品为中心。就元代而言,据资料记载,在短短九十年间创作演出的杂剧有七百三四十种,有姓名作家达二百多人,虽经历代兵革水火,但至今仍存杂剧剧本一百六七十种,甚为可观。但记载戏曲演员的资料仅有夏庭芝的《青楼集》,每位演员寥寥数语,只是简要概括其善演内容与人生遭际,很少谈及具体表演技艺。由于文献资料的记载严重匮乏,戏曲史要想回归演剧史的本真面貌,真有点像做"无米之炊",难亦呼哉。20世纪50年代,尤其是80年代以来,随着戏曲文物的不断发现和研究的逐渐深入,提供了历代戏曲表演的形象资料。如舞台建造地点、形制、大小、特点等,戏雕所绘的脚色行当形象特征、数量、多寡、表情、服饰、排列位置变化等,壁画所绘演出中的道具、化妆、服饰、乐器等,使中国演剧艺术史的认识不断得到丰富和发展。不过中国演剧史的真正建立,可能还需要一个长期的过程。

三

　　张勇风　戏曲起源是戏剧史界长期关注、争论较多的重要问题,王国维主张巫觋说,张庚、郭汉城主张歌舞说,周贻白主张百戏说,孙楷第主张傀儡说,还有外来说等。您对这一问题是怎么认识呢?

　　黄竹三　探讨戏曲、戏剧起源问题,首先要厘清二者的关系。日本学者将二者等同,中国学者今天大多认为戏剧为大概念,戏曲为戏剧之一种,为小概念。戏曲既为戏剧之一类,二者起源当为一。戏剧起源可追溯到上古时代巫优歌舞与装扮表演,也可追溯到民间娱乐表演。从这个意义上说,戏剧起源是多元的。相比而言,或者说从文献记录看,上古祭祀活动中的巫觋装扮,可能较早。王国维《宋元戏曲考》首开中国戏曲史研究的先河,其戏曲起源的巫觋说也非常值得我们重视。在研究戏曲文物与原生态戏剧的过程中,我们发展了王国维先生的认识,不仅戏剧起源与宗教祭祀密切相关,而且从戏曲发展、成熟的生态环境看,戏曲与民间祭祀、民间宗教信仰也密不可分。车文明在长期研究中外神庙剧场的基础上总结出:神庙剧场是中国古代绵延不绝、范围最广、数量最多的剧场形式,纠正了此前学术界将瓦舍勾栏与茶园酒楼作为中国古代剧场主要形式的偏颇,颇有见地。

　　张勇风　在中国戏剧发展史上,存在着大量包含戏剧因素的艺术表演形态,对戏曲的形成和发展发挥着重要作用。针对这一问题,您提出的"泛戏剧形态"理论得到学术界的认可。您能不能谈谈这一理论的形成过程及意义?

　　黄竹三　我在讲授戏曲史时,注意到中国戏剧的起源是比较早的,大概在先秦,至迟在汉代便已萌芽,但成熟戏剧——戏曲的形成却到了宋、金时期。在上千年之久的时间里,出现的诸如"东海黄公""踏摇娘""钵头""参军戏"等表演形态,它们具有某些戏曲的特征,如歌唱、舞蹈、说白、表演动作,但没有融为一体,还不是真正的戏剧。在探讨中国戏剧发展史时经常提到它们,却没有专门称谓,需要用一个概念来加以概括。参照社会学的"准市民"

和康序先生针对元、明时期戏曲理论的只言片语、不成系统而提出的"亚理论"概念，我首先想到"准戏剧形态""前戏剧形态"，但觉得不够准确。因为这类表演在戏曲形成前已长期存在，戏曲形成时依然存在，戏曲形成和繁荣后，部分继续存在，部分消失，部分在新的土壤中不断滋生。后来吴国钦先生在一篇文章中提到"泛戏剧形态"一词，我认为这个词更合适，既能包括戏曲形成之前的各类形态，又可包括戏曲形成之后的各种表演，还可包括傩戏、赛戏、目连戏等内容。

以往治戏曲史者，在探索戏曲形成时往往瞩目于构成戏曲诸艺术因素中的一两种，而忽视其他因素对戏曲形成的作用，更忽视在此之前诸艺术因素已有部分融合，因而往往各执一端，相持不下。事实上，戏曲作为一种综合性极强的艺术形态，影响它形成的艺术因素绝非一两种，在戏曲形成之前已长期存在的泛戏剧形态从总体上导致了中国戏曲的形成。因此，将"泛戏剧形态"作为一个整体，研究其与中国戏曲之间的关系极为重要。前辈学者也注意到戏曲形成前泛戏剧形态的各种演出，但对它们的探讨只止于宋、金之前。似乎这种形态只存在于戏曲形成之前，它们的使命只在于为戏曲形成准备了各种艺术因子，而没有看到这种艺术形态在戏曲形成和繁荣后依然存在或不断滋生，对戏曲形式的丰富、种类的繁衍起着推动作用。"泛戏剧形态"在这方面的意义也非常重要。

张勇风　20世纪80年代末以来，您做了大量傩戏、赛戏的研究工作。这些研究的缘由及创获主要有哪些？

黄竹三　20世纪80年代，全国兴起傩戏、目连戏的研究热潮。1989 年,湖南怀化举行辰河腔目连戏的演出。在观摩中,我深深感到,民间祭祀戏剧也是戏曲文物的一种,即活的文物,或曰古代泛戏剧形态的活化石。从那时起,我开始关注各地的祭祀戏剧。1988 年,山西曲沃的许诚先生来我校,带来了任庄村留存的祭祀戏剧演出本子《扇鼓神谱》。该本子于宣统元年(1909)据古本传抄而成,也是戏曲文物。许诚先生还说任庄的扇鼓傩祭和戏剧至今还可演出,这让我们惊喜异常。次年,我们和任庄村合作,恢复了扇鼓傩祭和戏剧演出。扇鼓傩戏的发现,纠正了某些专家认为北方无傩的偏见,增添了山西祭祀戏剧的类型。因此,1990年,中国傩戏国际学术研讨会在我校举办。会上,我和景李虎合作提交了论文《从扇鼓傩戏看宗教祭祀在戏剧起源发展上的意义》。接着我又撰写了《扇鼓傩戏源流再探》,作为 1991 年在湖南吉首举办的中国傩戏国际学术研讨会论文。这两篇文章所论扇鼓傩戏在中国戏剧史上的价值,引起海外学术界的注意。台湾"清华大学"王秋桂教授约请我对任庄扇鼓傩祭和戏剧演出进行全面调查。我与王福才、景李虎合作,多次到任庄考察,写成了《山西省曲沃县任庄村〈扇鼓神谱〉调查报告》,1994 年在台湾《民俗曲艺》杂志上发表。

在研究扇鼓傩戏的同时,我开始关注山西的其他祭祀戏剧,比如晋南的锣鼓杂戏、雁北的赛戏、上党地区的队戏等。在单个祭祀戏剧考察的基础上,我又对山西祭祀戏剧进行综合研究。先后撰写了《锣鼓杂戏的历史发展、演出形态与当前生存状况》《谈队戏》《傩戏的界定和山西傩戏辨析》等文章。1997 年,河北省武安市固义村发现大型傩戏"捉黄鬼",次年元宵节,我和戏曲文物研究所同仁前往考察。演出中的特殊脚色"掌竹"和流动性的演出形态，给我留下深刻印象。考察后我撰写了《掌竹·前行·竹杆子·竹崇拜——河北武安固义赛祭"掌竹"考述》《傩戏：一种古老而独特的宗教祭祀戏剧——记河北武安大型傩戏＜捉黄鬼＞的演出》两文。之后，我把祭祀戏剧的探究从山西扩展到全国，还从傩戏的研究扩展到目连戏的探索。1996 年我撰写的《试论"花目连"》一文，比较系统地阐述了目连救母主体故事以外其他故事表演的类别、渊源和特点及其对主体故事的影响。我在福建目连戏国际学术研讨会上宣读此文后，引起日本学者的注意，被翻译成日文，发表在日本勉诚社《日中文化研究》第 9 号上。

张勇风　学术界一直存在一种倾向，即重视成熟戏剧的研究，而较为忽视文学性和艺术性似乎不够强的祭祀性戏剧。您对民间祭祀戏剧价值是如何认识的？

黄竹三　以往研究戏剧，多从文学角度进行。研究戏剧所塑造的人物形象、阶级地位、典型意义；研究戏剧的情节发展、结构安排，开端、发展、高潮、结局；研究戏剧的语言特色，文采或本色；研究戏剧所反映的社会生活、主题思想、社会价值等。后来，逐渐认识到戏剧是艺术，应从舞台演出角度进行探究。研究戏剧的脚色设置，不同脚色在舞台表演中的作用；研究演员的化妆，包括俊扮、丑扮、涂面、假面等；研究戏剧的场面调度、人物动作、站立位置、人物的身段，手、眼、身、法、步；研究戏剧的舞台设置、表演效果、唱腔等。

戏剧研究，尤其是民间祭祀戏剧，还可以从文化角度进行，探讨其与民俗文化、祭祀文化之间的关系。在戏剧形成时期,泛戏剧形态的各种表演已与民俗、祭祀活动相结合。方相、伥子驱傩本身就是祭祀活动。七夕过后,"目连救母"杂剧表演,乃佛教的祭祀文化。除夕有驱傩表演,"装门神""将军",乃道教的祭祀文化。宫廷的供盏献艺,其中有杂剧演出,说明戏剧是宫廷祭祀仪式中的一种。在戏剧发展成熟时期,戏剧也是民俗、祭祀活动的重要组成部分。戏曲演出前的开场还有仪式性表演程序以作庆贺。剧团初到一地,有拜台或祭台、破台等仪式,有时还要演出"封神""六国大封相"等。各地祭祀活动中也有戏剧表演,如扇鼓傩祭中有《坐后土》,上党碧霞宫祭祀诸神中有《监斋》《八仙庆寿》《过五关》《斩华雄》等队戏。一些祭祀活动,与当地的民俗相融合而有新的演变。比如黄帝战蚩尤的故事,原在河北涿鹿流传,后传入山西运城。因为运城解州是关羽的故乡,于是当地的锣鼓杂戏便将黄帝战蚩尤改为关公战蚩尤,蚩尤战败,其血幻化为运城盐池。戏剧内容的变化,乃民俗使然。因此,我们研究戏剧,特别是民间祭祀戏剧,不仅要从文学角度、艺术角度探讨它的社会价值、艺术特点和技艺成熟程度,更要从民俗、宗教等文化属性角度来探索它在中国传统文化中的地位和所具有的意义。

张勇风 文献整理是戏剧史研究的重要基础。您和冯俊杰先生主编了《六十种曲评注》,您个人还评注了其中的《还魂记》,并和谭源材先生合作评注了《幽闺记》。此外,您在2005年出版了《牡丹亭评注》单行本。您在主持并评注这些作品时有哪些值得评述的经过和意义?

黄竹三　戏曲文本研究是戏曲史研究的重要方面,在进行戏曲文物研究的同时,我也没有放弃对戏曲文本的关注。文献整理又是戏曲文本研究的一个重要方面,其中对总集、选本进行编辑校注是非常重要的。1993年,我和冯俊杰先生商量,决定对《六十种曲》进行评注。古籍整理是一项艰苦的工作,尤其对古代戏曲作品的整理,困难更大。我们约请全国高等院校和科研院所的六十多位学者共同参与,对《六十种曲》所收录的剧本进行标点、注释,每出有短评,每剧有总评,并对其本事流变及主要版本予以考述。各剧还附编与本剧相关的文献资料,以求全为尚,可使读者一编在手,免除多方搜寻之劳。工程浩大,于2001年才告完成,由吉林人民出版社出版。该书2002年获第十三届中国图书奖。2005年我出版了《牡丹亭评注》单行本,销量不错,2006年和2008年再版两次,应该说还是受到了读者热烈欢迎的。

四

张勇风　作为全国第一个专门的戏曲文物研究机构,山西师范大学戏曲文物研究所建立之初是如何定位的? 三十多年来,你们如何保持自身的研究特色呢?

黄竹三　建所之初,我们就确定了三大原则:一是坚持外出考察。每次考察都会有新的发现。所以不管多么艰辛,一般每年都要出去多次。考察时老师与学生同吃同住,边考察,边讲解。同学们既能真切、生动地学习知识,又可掌握测量、拓碑等课堂上无法练习的基本技能。二是以课题促科研,出成果、出人才。如我们接受省级课题"山西元杂剧作家作品研究",老师和学生承担一人一本书的任务。我校注《石君宝戏曲集》，冯俊杰老师校注《郑光祖集》，景李虎校注《李寿卿狄君厚集》，延保全校注《李行道孔文卿罗贯中集》，张继红校注《吴昌龄刘唐卿于伯渊集》。这些集子都由山西人民出版社在1992年出版，既锻炼了学生的文学功底，又增强了他们学习的积极性。三是不走所谓"学院派"道路，和社会进行广泛联系。这种社会联系，一方面是进行田野考察，另一方面是与文化部门、剧团联系。当然，我校在临汾，只能和蒲剧院、眉户剧团联系。我们时常带领学生观看剧团的排练并提出意见，有助于他们的演出，同时也让学生熟悉戏剧当代生存和演出的现状。特别值得一提的是，我们将收集到的戏曲文物整理陈列，建立戏曲文物陈列室，作为教学和研究的重要辅助，现在陈列室已发展成为戏曲博物馆。

张勇风　《中华戏曲》已成为海内外戏曲文物研究和交流的一个重要平台，多次入选CSSCI来源集刊，影响越来越大。您作为该刊的发起人之一，并于1992—2006年间与龚和德先生共同担任主编。请您谈谈该刊创办的过程、办刊宗旨及当前发展状况。

黄竹三　这也是我们所建设的特色之一。建所之初，我们就创办了学术刊物《中华戏曲》，将其作为本所研究人员发表学术成果的园地和联系国内外学术同行的纽带。《中华戏曲》自1986年创办，次年与中国戏曲学会合办以来，以书代刊，目前已出至第48辑（截至2014年）。该刊以公布并研究新发现的戏曲文物、戏曲文献为主，同时兼顾戏曲理论和当代戏曲问题的探讨，以资料翔实、学风严谨著称。多年来，此刊发表了中国内地、香港、台湾和来自美国、日本、韩国、新加坡等海内外学者的大量理论文章,也有来自基层文化工作者的很多重要的第一手资料和新发现。2007年、2011年、2013年三次入选CSSCI来源集刊,是海内外戏剧戏曲学核心集刊之一,成为国内外研究中国古代戏曲,特别是戏曲文物的主阵地,是联系相关专家的主渠道,已发行到海外20多个国家和地区,产生了广泛的国际影响,对戏曲文物研究的发展起了推动作用。

张勇风　山西师范大学地处晋南一隅,从地理因素来看,与外界交往有一定困难。你们是如何加强和外界的联系以促进研究生培养的?

黄竹三　主要的方法是"引进来,送出去"。"引进来"是指聘请外校知名学者来我所讲学。20世纪80年代,戏研所成立不久,开始招收研究生。因为师资力量较为短缺,我们请南开大学宁宗一教授来校讲授"戏剧小说研究方法"、陕西师范大学黄永年教授讲授"版本学"、深圳大学封祖盛教授讲授"社会文化学"、中央戏剧学院祝肇年教授讲授"戏剧文学"、中国传媒大学周华斌教授讲授"傩文化研究"、北京著名戏曲专家马少波先生讲授"戏曲改革"、中国社会科学院文学研究所吴晓铃教授讲授"元明散曲"等。这些学者都非常支持我们所的建设和发展,当时条件差,也没有给他们什么报酬,说来惭愧。"送出去",就是派学生到外校进行学习交流和鼓励推荐学生考取博士研究生。如20世纪80年代末景李虎、延保全、张继红等学生去南开大学学习。我们所每年都有学生考上外校的博士,到目前为止,中国艺术研究院、中山大学、华东师范大学、南京大学、中国传媒大学、首都师范大学、上海师范大学、美国哈佛大学等知名院校都录取过我们的学生。他们有的学成归来,在我们所继续进行戏曲文物、戏曲史研究,更多的学生奔赴其他高等院校、科研院所、出版机构,在各自的岗位上为戏曲研究做贡献。还有一点,就是积极筹办或鼓励学生外出参加学术研讨会。现场听取专家们发表学术见解,面对面地进行请教和学习,既开阔了同学们的眼界,又增强了他们进行学术研究的积极性和勇气。

张勇风　三十多年来,山西师范大学戏曲文物研究所的影响不断扩大,这与研究所拥有一支组配合理的学术梯队密切相关吧?

黄竹三　主要有两个方面:第一,按照年轻人的年龄、志向和研究专长合理安排学术梯队,因材施用。第二,谦逊让贤,大胆起用年轻人。相信他们,放手让他们去干,我们只需默默地支持他们。我和冯俊杰所长都是不到六十岁就退居二线。经过这样的建设,戏研所逐渐形成一支知识、学历、职称、年龄结构合理的学术梯队。只有这样,才能保证团队旺盛的生命力,不断出成果、出人才。现在,车文明所长仍非常重视梯队建设,戏研所仍然是一支勇于拼搏的生力军。

张勇风　众所周知,您热心于戏曲研究的海外传播。山西师范大学戏曲文物研究所接待过多批海外学者的访问交流,并和其他高校合作培养了多名国外研究生。您还多次赴美国、日本等国以及中国台湾、香港等地讲学,为戏曲文物、戏曲艺术的传播和交流做了大量工作。请介绍一下这方面的情况。

　　黄竹三　最早是 1986 年日本京都大学博士研究生赤松纪彦来我们所访问学习,为期一周。20 世纪 90 年代到 21 世纪初,先后又有日本山梨县女子大学助教授福满正博、美国密歇根大学博士研究生 Sarah Jessup(中文名赵虹婷)、韩国延世大学博士研究生洪荣林、韩国佛教大学博士研究生姜春爱、澳大利亚墨尔本大学博士研究生吴秀玲等来我所访问学习。其中赵虹婷和洪荣林学习了一年半左右。我们所接待的最大规模的来访学者群是 1993 年来自台湾的"大陆戏剧艺术访问团",该团以台湾知名学者王士仪为团长,曾永义等为副团长,成员五十多人,均来自台湾各大学、学院。

　　再说 2008 年去日本讲学的情况。那次讲学源于前一年我去日本早稻田大学参加"散乐与假面"国际学术研讨会。会上我做了《中国中世戏剧与假面》的学术报告,报告中我谈到"泛戏剧形态"问题。日本学者觉得很有意义,认为这一概念对日本歌舞伎、能乐、狂言等表演形态的定位很有帮助。因此希望我两个月后,专门就元代以前中国戏剧的发展脉络和泛戏剧形态理论,再具体、深入地给他们讲解。于是有了 2008 年春日本早稻田大学戏剧博物馆讲学之行。台湾的曾永义教授获悉我去日本讲学后,也邀请我去台湾一行。2008 年 5 月,我和车文明、王福才两位老师赴台参加世新大学举办的韵文学学术研讨会。次年,台湾"中央大学"洪惟助教授邀请我到该校讲学。期间,我还到台湾大学、世新大学作过两次学术报告,增进了海峡两岸的学术交流。另外,1988 年我校曾到美国田纳西州奥斯汀彼依大学和马萨诸塞州布里奇沃特学院举办过中国戏剧文化展览。我有幸前往,并受邀在这两所大学讲学,介绍了中国的戏剧文化。

张勇风　您退休之后,笔耕不辍,一直在工作。坚持做到这一点的动力是什么?

黄竹三　我们这一代是在渴望读书的环境中长大的。读大学时,白天时常政治学习,没有多少时间读书,晚上熄灯后,同学们只能借助宿舍门厅或厕所里的微弱灯光看书。研究生学习期间,经常上山下乡。毕业后,到山西工作,又碰到"文化大革命",不敢读书,更不敢写作了。改革开放后,有机会读书、写作,感觉是一件非常幸福的事。读与写,已成为习惯,并乐在其中。退休之后,自然还想发挥点余热。前面提到的去日本、中国台湾讲学,出版《中国戏曲文物通论》都是退休之后做的。现在我正着手选编学术论文集。如果身体允许的话,我想继续学习,与时俱进,尽量不被时代淘汰。

张勇风　数年前,台湾曾永义教授曾在您七十华诞时赠诗曰"文物开成为剧学",此言的确道出了您主要的学术贡献与成就。非常感谢您接受我的采访!衷心祝愿您身体健康,做快乐学问!

（此文发表于《文艺研究》2015 年第 5 期）

附 录 二

试论戏曲产生发展的多元性

黄竹三

　　中国戏曲是一门综合性的艺术,它融合了歌舞、音乐、说白、技艺表演等多种艺术因素。在其漫长的产生、发展、成熟、繁盛的过程中,表现出突出的多元性的特点,形成了源头众多、形式各异、风格鲜明的特色。

戏曲源头和流传地域的多元性

　　正如世界文明不是出于同一个源头一样,世界戏剧的产生也是多源的。古希腊的悲喜剧、印度的梵剧、中国的戏曲不是出于一个源头,而有各自独立的产生发展的历史和社会环境,有各自流传的地域。它们之间没有衍生或继承关系。就中国戏曲而言,由于中国是一个民族众多、地域辽阔的国家,不同地域的历史发展、风俗民情、宗教信仰和审美情趣、欣赏习惯的差异,决定了中国戏曲产生与发展并不源于一个地方。从目前发现的材料来看,中国古代戏曲中,宋代的中原杂剧、南戏和唐代新疆的戏剧便是起源于不同地域的戏剧代表。

中原杂剧

中原杂剧包括汴京杂剧与河东杂剧。汴京杂剧是宋代流行于汴京及其周围地区的一种初级形态的戏曲形式。关于汴京杂剧,宋人孟元老《东京梦华录》有详细的记载。当时除宫廷中有杂剧演出外,京城汴梁民间还有许多勾栏瓦肆演出杂剧百戏,不能进入勾栏的艺人则随地作场。平时市民百姓观看杂剧百戏者熙熙攘攘,若遇到庆典节日更是满城沸腾,观灯看戏者如痴如醉。除平日的勾栏瓦肆外,从宫廷到街巷乃至寺庙,还要临时搭建许多露台、山棚、乐棚以供演出。在当时,杂剧百戏已经深入到人们日常生活的各个角落:皇帝出游、节日盛典、神佛仙道生日诞辰要演杂剧,赦免罪犯,甚至"百姓卖小春牛",还要"花装栏坐,上列百戏人物"。[①]在汴京周围的广大乡村,杂剧演出也极繁盛。人们生时观赏不足,死后还要把杂剧演出场面和脚色形象刻于棺椁、墓壁,以图永远享用。目前已发现的河南禹县白沙宋墓杂剧砖雕、[②]河南偃师县宋杂剧砖雕,河南温县宋杂剧砖雕,河南荥阳石棺宋杂剧线刻、丁都赛画像砖等大量戏曲文物,充分说明杂剧已成为当时人们生活中不可缺少的组成部分。

河东杂剧,指的是宋金时期的河东路,即今山西南部临汾、运城、晋东南地区的戏曲。近年来众多戏曲文物的发现,证明宋代河东地区杂剧的发展繁荣有其独自的渊源,而且其艺术形态并不落后于汴京杂剧。

80 年代以来,在山西南部地区发现了三通北宋时期的戏剧碑刻,其中都有关于当时建造"舞亭""舞楼"的记载。第一通是万荣县桥上村的《河中府万泉县新建后土圣母庙记》碑,碑文中

记载北宋真宗天禧四年（1020）前修建舞亭事,在碑阴部分还载有:

　　修舞亭都维那头李廷训等　杨延嗣　杜文明　孙浏
李福全　柳茂真　丁思顺　李用　王质　孙廷义　畅遂
薛延嗣　孙普　牛钊　王密　孙惠宗　李显通　丰荣

碑文中又载:

　　此庙于景德二年岁次乙巳七月三日,郭下柳文遂等诣天
台祖庙迎请后土圣母,就当县多人供养祈福。行至于此处,
神马不往前进,却行往此地,立马多时。遂乃地主赵智元启
心发愿,舍施此地充为庙基,后乃三载之间,庙□完备矣。
施地主赵智元。

　　据此,该村的后土庙及舞亭始建于北宋景德二年（1005）,
历时三年落成,也就是北宋真宗大中祥符元年（1098）,这是目
前发现的我国最早的关于舞台建筑的记载。第二处是沁县城内
关帝庙《威胜军关侯庙记》碑。此碑为北宋神宗元丰三年
（1080）所立,记载神宗熙宁十年（1077）任真等率神虎第七军
征蛮北返后修建关帝庙及所附舞楼事,其中载有:

　　基钱一佰七十三贯文,并是安南道回人出办,所有殿宇
系众合营修盖,其合上石姓名如后。周围地基深三十七丈
五尺,广一十一丈四尺,正殿三间,舞楼一座,南北廊上下共
二十□。

　　第三通是平顺县东河村圣母庙北宋徽宗建中靖国元年
（1101）所立《潞州潞城县三池东圣母仙乡之碑》,其中记载北宋
哲宗元符三年（1100）修建舞楼之事,碑的正文中载有:

圣母尊祐者□于有灵母仙乡，众心跻跻，旅意彬彬，掌明珠于智海，藏美玉在玄山。便乃谨会，住下乡党中，一盖遵依，赗尤以弥丰。命良工再修北殿，创起舞楼……

碑阴记载当时施工情况：

元符三年庚辰岁十二月癸巳朔二十三日辛卯刻字毕。修舞楼老人苗庆、刘吉、秦灵……

这里所谓"舞亭""舞楼"，实际上就是戏台。值得注意的是，这三处记载的舞亭、舞楼分布范围颇广。一在万荣，位于山西省南部，属今运城地区；一在沁县，在今晋东南地区北面，已接近山西中部；还有一处在平顺，位于山西东南部，紧靠河南省的林县。三处在北宋时都属河东路管辖，说明当时河东广大地区，已有众多的戏台建造。而北宋末年京城汴梁的演出场所只是勾栏瓦肆、露台、乐棚、山棚等，还没有发现固定的砖木结构戏台的建造。相比之下，河东杂剧的繁荣发展，应该说不逊色于汴京杂剧。

1978年、1979年在山西南部稷山县马村段氏墓群中发现了六座有戏曲砖雕的墓葬。据其中的第七号墓中一块砖刻小碑③记载，墓群修建的大致时间是北宋末年至金代初年。其中在一号墓中出土了宋代"景祐元宝""熙宁元宝"铜钱各一枚，在五号墓中出土宋"天圣元宝""治平通宝""元祐通宝""大观通宝"铜钱各一枚。这六枚铜钱均是北宋之物，且最晚一枚"大观通宝"所铸年代应在公元1107—1110年间，此时离宋室南迁尚有十五年时间，因而起码一号墓和五号墓应看作是北宋末年之物。这两座墓中的戏曲砖雕，其演出场所是门厅兼舞台式的戏台，所刻人物前排为演员,后排是伴奏乐队,其中所用乐器、演员服装、砌末各具特色。由此可以看出当时这里的戏曲已相当成熟了,可视为元代北杂剧之先声。

南戏

南戏是宋代南方温州地区民间小戏基础上发展起来的。明人徐渭在《南词叙录》中认为它"始于宋光宗朝"。但同书又说:"或云宣和间已滥觞,其盛行则自南渡,号'永嘉杂剧',又曰'鹘伶声嗽'。"明人祝允明《猥谈》中指出:"南戏出于宣和之后,南渡之际,谓温州杂剧。"元人刘一清《钱塘遗事》中载:"戊辰己巳间,王焕戏文盛行都下。"这里的"戊辰""己巳"为南宋宁宗嘉定纪年,即公元1208—1209年,宁宗恰在光宗之后。宁宗时"盛行都下"的南戏,决不会在光宗时才产生,而应有其更早的发展渊源,因此南戏出于宣和之后,南渡之际的说法是恰当的。

与主要流传于北方的中原杂剧相比,南戏无论形式还是内容都表现出鲜明的特色。宋人周密《武林旧事》中"官本杂剧段数"载宋杂剧名目二百八十种,其中用大曲者一百零三,用法曲者四,用诸宫调者二,用普通词调者三十五种,可见其用曲主要承袭了隋唐时的传统音乐。南戏则不然,它在形成过程中,其曲调主要得益于民间小曲和宋人词调。徐渭《南词叙录》中载:

> 永嘉杂剧兴,则又即村坊小曲而为之。本无宫调,亦罕节奏,徒取其畸农、市女顺口可歌而已。

又云:

> 其曲则宋人词而益以里巷歌谣,不叶宫调,故士大夫罕有留意者。

据王国维《宋元戏曲考》统计,南戏所用曲调共五百四十三个,其中,源于大曲者只有二十四种,源于诸宫调者十三种,出于南宋唱赚者十种,与元杂剧曲名相同者十三种,出于唐宋词者一百九十种,而更多的是"畸农、市女顺口可歌"的"村坊小曲",共二百种。其音乐特点是没有严格的宫调限制,亦罕节奏,更多地保留了民间音乐灵活随意的特色,与杂剧所用的典雅、严格的乐曲差别很大。

从剧目内容看,以《宦门子弟错立身》所提到的二十九种早期南戏名目和《永乐大典》所收三十三种宋元南戏名目与周密《武林旧事》所载二百八十种官本杂剧名目比较,内容相同的只有《负心王魁》《卓氏女》《崔护觅水》《张珙西厢记》《墙头马上》《洪和尚错下书》等六种,而与《醉翁谈录》《清平山堂话本》等所载话本名目比较,则有《孟姜女千里送寒衣》《郭华买胭脂》《关大王独赴单刀会》《乐昌公主》《王魁负心》《鸳鸯会》《卓氏女》《崔护觅水》《张珙西厢记》《洪和尚错下书》《刘先主跳檀溪》《曹伯明错勘赃》《秦太师东窗事犯》《柳耆卿诗酒玩江楼》《陈巡检妻》《猿精》《张资鸳鸯灯》《朱文鬼赠太平钱》《何推官错认尸》等十八种题材相同。另外,《崔护觅水》《马践杨妃》《张珙西厢记》《苏小卿月夜泛茶船》四种,与诸宫调题材相同。其余《云卿鬼做媒》《柳耆卿栾城驿》《周李太尉》《张协斩贫女》(即《张协状元》),《风流王焕贺怜怜》(即《钱塘遗事》所称王焕戏文)等三十多种都是南戏特有的剧目。这说明南戏的题材也有其自身的系统和渊源。

很明显,无论内容、形式,南戏之与宋杂剧——即中原杂剧是属于不同的系统。

新疆戏剧

新疆是我国古代戏剧活动的又一重要地域,其戏剧形态的发展并不落后于中原地区。这一地区的戏剧产生、发展状况、演变形式,可以从目前所知的一些古老剧本的发现窥得一斑。解放以前,德国人勒柯克从吐鲁番木头沟千佛洞盗走的大批古代文书中,就有回鹘文本《弥勒会见记》剧本。20 世纪初期,欧洲一些探险家从新疆盗走了一些吐火罗文 A 本《弥勒会见记》残页。1959 年哈密县天山公社发现了回鹘文《弥勒会见记》剧本。1974 年冬在新疆维吾尔自治区焉耆县的千佛洞附近,又发现了吐火罗文 A(焉耆语)本《弥勒会见记》残卷。吐火罗文 A(焉耆语)和回鹘文两种语言都是与印度梵语同属一系的语种,其文字用婆罗谜字母书写。目前发现的几个剧本中,吐火罗文本,约写成于公元 6—8 世纪之间,回鹘文本译自吐火罗文本,约写于公元 9—11 世纪之间。[④]多语种、多数量和内容不尽相同的剧本的发现,说明新疆地区在隋唐时就有雏形的戏剧演出。从剧本的语言、内容来看,与印度关系更加密切。就最新发现吐火罗文 A(焉耆语)本《弥勒会见记》来看,焉耆"文字与婆罗门同,俗事天神,并崇信佛法也"(《北史·西域》)。至唐,仍然是"文字取则印度,微有增损。"(《大唐西域记·阿耆尼国》)其语言、文化、宗教、信仰和风俗习惯的差异,造成这一地区的戏剧完全不同于中原戏曲,因而应将其视为我国众多戏剧起源、发展的地域之一。

总之,许多事实证明,中国古代戏剧源头众多,形式各异,产生、演出的地域各有不同,尽管它们之间会有一定的交流和影响,但绝无继承衍生关系,中国戏剧起源和流传地域的多元性是十分突出的。

构成戏曲艺术因素的多元性

戏曲是一门融合了歌舞、说白、技艺表演、音乐美术等的综合艺术。这些构成戏剧的艺术因素,最初是各自独立地发展,以后才逐渐融合。在融合过程中,以不同的艺术因素为主体,可以发展为具有不同特色的戏剧形式:

——歌舞本来是用于抒情咏唱的,后来产生了叙事性歌舞,这样就有了故事、情节,再由叙事体演变为代言体,也就成了歌舞戏;

——说白戏的源头可追溯到周秦时期宫廷中的古优。优伶从滑稽说笑、调侃取乐,到扮演人物,表演简单的故事,插科打诨,这就形成了说白戏;

——汉代的技艺表演——角抵,本是角力的技巧节目,并不是戏剧,但发展到后来,其间寓以故事——这时的角抵并不以力量、技巧取胜,而是根据故事内容进行表演,角力的双方代表了故事中的人或物,这样它也就从一般的技艺表演蜕变为简单的戏剧了;

——讲唱是汉唐以来兴起的一种民间艺术形式,它由最初的讲经发展为讲史,说唱传奇、公案、烟粉、灵怪故事,当这种艺术形式普遍流传、产生巨大影响后,也为戏剧所借鉴。至今仍保留在山西南部的锣鼓杂戏则与话本说唱有明显的渊源关系。

锣鼓杂剧又称铙鼓杂戏或龙岩杂戏,流行于以临猗为中心的山西南部古蒲州地区,今存剧目近百个,其中绝大多数剧目中的故事内容以宋代为下限,宋以后剧目极少,如《乐毅伐齐》《潼关》《降香》《蜜蜂计》(列国戏);《战昆阳》《鸿门宴》(秦汉戏);《三战吕布》《夜走古刹》《长坂坡》《铜雀台》(三国戏);《三山会》《临潼山》(唐戏);《天井关》《下兖州》《五虎下西川》(五代戏);《八王赴会》《关公破蚩尤》《仁贵征东》(宋戏);《目连救母》《白猿开路》《安天会》(神魔戏)。其中有关三国故事和唐僧西天取经故事的戏剧与小说《三国演义》《西游记》在人物、情节、褒贬态度上都有很大出入,而与话本更为接近。剧本的念白与吟诵,七言句极多,形式整饬,但语气、用词上绝不同于文人诗词,而与话本中用以讲唱的口语相类。可以明显地看出,锣鼓杂戏的大多数剧目是把话本叙述性说唱改为代言体的角色表演,从而形成雏形戏剧。

——宗教祭祀仪式是戏曲产生的另一个重要源头。古代祭祀由巫装扮成"神保",作为神灵依凭的实体。后来,人们根据自身的体验,赋予神灵以思想、性格,从而与外界发生联系,于是产生动作、情节和矛盾冲突,这样就出现了戏剧因素。"从装扮到扮演"是宗教祭祀仪式向戏剧过渡的一种形式,这一过渡的产品便是傩戏。

傩戏的表演是在祭坛上或祭祀活动中,其目的是为了酬神、娱神,乞求神灵消灾除疫,保佑人寿年丰。傩戏表演中有故事、有人物、有装扮、有表演,戏剧因素比较完备。但是,表演中演员或戴狰狞恐怖的面具,或穿离奇怪异的服装,加之它又是祭祀活动的一部分,因而宗教色彩十分浓厚。宗教仪式与戏剧表演混为一体,戏剧的艺术性、娱乐性与宗教祭祀的神秘性、严肃性交织在一起,表明了向艺术的、审美的戏剧发展的趋向,同时又没有完全摆脱宗教祭祀仪式的束缚,这一介乎宗教仪式与真正戏剧间过渡状态的傩戏表演,形象地说明了宗教祭祀仪式是产生戏剧的一个重要源头。

概而言之,构成戏曲的各种艺术因素,在其发展过程中,都由原来单一的装扮、歌舞、说白、讲唱逐渐向故事表演靠拢和过渡,这个过渡时期或长或短,各种艺术因素融合为一个有机整体的时间也有先有后,这样就形成了中国戏曲源流众多、形式各异的特点。

戏曲形式的多元性

戏曲形式的多元性表现在同一时代同一地域各种戏曲样式的同时并存,分别演出。在中国历史上的各个时期,戏曲样式各有特点,如宋代的杂剧、南戏、队戏,金代的院本、元代杂剧、明清传奇,清代地方戏等。值得注意的是,不同时期的戏曲样式并不是相互替代,而只是在某一时期某一戏曲样式占主导地位,同时还有其他的戏曲样式存在,它们居于次要地位。如元杂剧出现后,宋金时期的杂剧、队戏、院本等并没有消亡;传奇盛行后,元杂剧也仍在北方农村地区演出。更值得注意的是,在戏曲史上曾出现自宋杂剧至明传奇及地方戏大部分戏曲样式共同繁衍的情况。

近年在山西省晋东南地区潞城县(属古上党地区)发现了明

代万历二年抄立的《迎神赛社礼节传簿四十曲宫调》抄本（以下简称《礼节传簿》）。这部关于古代祭赛时礼仪、内容、形式、程序的记录本中，保留了大量在祭祀二十八宿时上演的剧目名称及角色排场单，其中包括了自宋代至明代数百年来曾出现的各种戏曲样式。计有：

哑队戏

《礼节传簿》第四部分，录有"哑队戏"角色排场单二十五个：

〔齐天乐〕《鬼子母揭钵》一单　舞"曲破"

《巫山神女阳台梦》一单　舞

《五岳朝后土》一单　《齐天乐·曲破》

《樊哙脚党鸿门会》一单　舞

《二仙行道老子开御》一单

《关大王破蚩尤》一单

　　　……

从内容来看，这二十五个剧目中神佛仙道题材占了大多数，以历史传说为题材的，其时间下限为北宋。从这个角色排场单所提供的乐曲名称考查，其中所用大曲〔齐天乐〕与《宋史·乐志》所载相同；许多剧目的题目后注有"舞"字，可以判断这类哑杂剧是以舞蹈形式演出；这个角色排场单还记载了剧目的简单故事内容和人物名称，可以看出它的表演似乎不在舞台之上，而是像宋代舞队那样在行进中演出。如其中《唐僧西天取经》一单，记录一百四十多个角色，如此众多的演员同台演出，这是不可想象的。因此可以看出"哑杂剧"应是宋代歌舞戏的一种。

正队戏

《礼节传簿》中载有队戏名目二十四种。如《霸王设朝封官》《过五关》《关大王独行千里》《四马投唐》《十八骑误入长安》《告御状》《尧王舜子登基》等等。其中历史传说题材占大多数,且以三国戏为最多,其时代下限也为宋代。正队戏中的一些剧目,在今天晋东南地区部分农村中仍有演出。如《过五关》的演出,先是在村巷沿途搭建五个戏台,一个戏台为一"关",剧中关羽骑真马,甘、糜二夫人坐真车,在村巷中边走边进行表演,每到一"关",关羽便上戏台与"敌将"厮杀,斩将过关后又骑马乘车继续前行,到另一"关"又上另一座戏台厮杀。如此重复多次,直至过了五关为止。行进中演员可与周围观众随意说笑,还可抓取路边货摊上的东西吃。这种演出形式十分古朴。从内容和形式等方面考察,可以认定这是戏曲形成初期在农村的一种表演,即属泛戏剧形态的演出。

院本

《礼节传簿》中载有院本名目八种,它们是:《土地堂》《错立身》《三人齐》《张端借鞋》《改婚姻簿》《神杀忤逆子》《劈马桩》《双摞纸》等,其表演内容多是民众生活中的"寻常熟事",部分剧目名称与金院本相同。从今天仍可演出的《土地堂》等剧目看,它明显地保留了金院本滑稽调笑、插科打诨的特点。

杂剧

《礼节传簿》还记载杂剧名目二十六种,如《长坂坡》《战吕布》《夺状元》《擒彦章》《六郎报仇》《天门阵》《岳飞南征》《赤壁鏖兵》《关大王破蚩尤》《赵氏孤儿大报仇》等,内容多是元以前的历史故事或传说,其中不少与元明杂剧名目一致,也有一些具有鲜明的地方特色。

供盏队戏

供盏队戏在《礼节传簿》中数量最多,总数已逾百种,这里虽名为"供盏队戏",实际上并不全是队戏,而是包括了自宋至明代的各种戏曲形式。如其中有与队戏相同的《霸王封官》,有与院本名目相同的《神杀忤逆子》,有与杂剧相同的《战吕布》;还有《咬脐打围》《旷野奇逢》《五娘官粮》等传奇折子戏,以及一些当时的地方戏。

众多戏曲样式集合于一起,为我们提供了一部中国戏曲发展的浓缩历史。同时众多的戏曲形式在迎神赛社祭祀活动的短短几天内相互交替演出,更形象地揭示了戏曲形式的多样性并同时流传演出的事实。

总之,由于戏曲产生地域的不同,成长过程中艺术因素主次的不同,各种戏曲样式的共存,构成了中国戏曲艺术的多元性。这是我们探索我国戏曲源流发展时所应该重视的。

(与景李虎合作,《中华戏曲》第 9 辑,山西人民出版社,1990 年)

注释:

① 见宋·孟元老《东京梦华录》卷之六"立春"条。
② 文中所举戏曲文物均见山西师范大学戏曲文物研究所编《宋金元戏

曲文物图论》，下不再出注。

　　③ 见《文物》1983 年第 1 期山西省考古研究所《山西稷山金墓发掘简报》。

　　④ 见《文物》1983 年第 l 期季羡林《谈新疆博物馆藏吐火罗文 A〈弥勒会见记〉剧本》。

论泛戏剧形态

黄竹三

在研究中国戏曲发展史时，我们会注意到这样一种现象，即中国戏剧的起源是比较早的，无论认为它源于宗教祭祀，还是认为它源于歌舞、俳优、百戏，大概在先秦，至迟在汉代便已出现萌芽，但最终形成成熟的戏剧，形成唱、念、做、打诸种艺术因素融合的独特的戏剧形式——戏曲，却到了宋金时期，其间经历了数百年乃至上千年之久。在这段时间里，社会生活中有种种类似戏剧但又不完全是戏剧的表演，它们具有某些戏剧的因子——人物装扮和情节故事，具有某些戏曲的外观，如歌唱、舞蹈、说白、表演动作，但未融合为一，因此未能认为是真正的戏剧，在探讨戏剧发展历史时常常提到它们，却无以名之，这类表演，我们不妨称之为"泛戏剧形态"。

泛戏剧形态不仅存在于戏曲形成之前，在戏曲形成之时乃至形成之后，它们也仍然存在并不断出现，与成熟的戏曲同时共处。宋金以后，除杂剧、传奇等传统戏曲样式外，各地区还有种种宗教祭祀戏剧如目连戏、傩戏等，它们当中有一些略具戏剧雏形但又不完全是戏剧,这无疑也属泛戏剧形态。以上种种特殊的表演形式,其存在有独特的环境,其演变有自身的线索,而且对戏曲的形成、发展产生过重要影响。因此,我们在研究中国戏曲史时,将泛戏剧形态作为一个独特的体系来理解,探索其产生根源、种类、各时期演出特点以及长期存在的原因,是极有必要的。

一

中国戏曲形成于宋金时期,其前已有种种泛戏剧形态的存在,可以这样说,戏曲的形成源于泛戏剧形态。

泛戏剧形态的种类繁多,其外观系列或偏重于歌舞,或偏重于说白,或偏重于扮演,这是由于它们的渊源各异的缘故,而这各异的渊源则出自古代民众多种多样的宗教、民俗、文化娱乐的需求。

首先是宗教祭祀的需求。中国古代,由于生产力发展低下,民众对自然界各种现象、变异以及人的生死祸福难以理解,由是产生鬼神观念,认为万物有灵,这种泛神观念使他们对各种神灵予以祭祀。不管所祀之神为何,如何祭祀,都要有一定场所,要有祭祀的参加者和围观者,有装扮的神灵,有对神灵的颂辞和一整套仪式,这与后世泛戏剧形态之有演出场所、有演员、有观众、有角色,有说白、有表演十分相近。古代的祭祀常常由"巫觋"装扮成"灵保",作为神灵依附的实体,每一神灵都有特定的身份、来历以及与之有关的种种传说和故事。随着祭祀活动的演进,巫觋在装扮神灵时,根据其传说、故事,加上装扮者自身的生活体验,便赋予神灵以思想、性格,进而推想他们与外界(其他人和神)发生联系时有怎样的表现。这样,最初单纯的呆板的装扮变成了活泼的、有生命的扮演,从而敷衍出种种矛盾冲突和情节,于是,宗教祭祀就出现了故事表演成分,逐渐蜕变成泛戏剧形态。

其次是民众文化娱乐的需求。民众在宗教祭祀活动中,除了装扮神灵外,还要对神灵敬献歌舞,正如王国维在《宋元戏曲史》中所指出的,"灵之为职,或偃蹇以象神,或婆娑以乐神"。①歌舞娱神,同时也在娱人。此外,在劳动生活之余,在节日庆典之时,在民俗活动之中,民众也时常歌舞,以宣泄他们的情绪,表示他们的喜怒哀乐。古代歌舞又分抒情性歌舞和叙事性歌舞,表现一个事件过程的叙事性歌舞,有人物,有情节,如使其角色化,加以装扮,用于表演,就可以发展成以歌舞为主的泛戏剧形态。

民众文化娱乐中,除歌舞外,还有优伶装扮、说唱和其他技艺表演。最初的优伶装扮,如先秦时期的楚国优孟装扮孙叔敖,只是单纯的模仿,本身并无故事情节等戏剧因子,后来单个的装扮发展成两个以上的人物,如三国时期的伶人郭怀、袁信装扮"辽东妖妇"的表演,就有对白、事件,装扮者"嬉亵过度",这就成了以说白为主的泛戏剧形态。说唱也可以演变成泛戏剧形态。说唱与泛戏剧形态有相似之处,它们都叙事,有人物,有情节,不同的是说唱用叙述体,泛戏剧形态用代言体,在实际演出中,如将叙述改为代言,说唱也就成了泛戏剧形态乃至戏剧。先秦两汉的其他技艺表演——百戏,其中一种"角抵",也是泛戏剧形态的一个来源。角抵本来只是艺人的相扑角力,为了引起观众的更大兴趣,可以加入故事,于是相扑角力者便成为故事中的人物,所加入的故事便成为角抵表演的情节,这样,一般的角抵便发展成泛戏剧形态。

以上种种泛戏剧形态的产生,都渊源于宗教祭祀和民众文化娱乐的需求,其间,有的还和民众的游戏需求相关,如相扑角力(在未成为角砥表演之前);有的为古代君臣严格地位所导致,如优孟的人物装扮。但它们自出现之后,即以各种同类形式不断延续演出,从而形成了各种类别不同的泛戏剧形态,成为一个庞大的演出集合体,为戏曲的形成奠定了基础。

二

在戏曲形成之前,泛戏剧形态的演出是众多的,根据其渊源和所包含的艺术因素,可以区分为以下三类。

一、以歌舞表演为主的泛戏剧形态

这类泛戏剧形态,从先秦歌舞发展而来,在两汉魏晋南北朝时期颇为繁盛。早在先秦时期,即有《大武》之舞,其舞蹈动作具有象征意义,表现了一定的叙事倾向。到汉代,叙事性歌舞得到发展,汉乐府《相和歌辞》中部分歌舞即属此类。据《宋书·乐志》载:"相和,汉旧曲也。丝竹更相和,执节者歌。"其演出为一人弹弦,一人吹竹,一人执节而歌。所歌有简单故事情节,如《箜篌引》,《乐府诗集》只记四句歌词:"公无渡河,公竟渡河;渡河而死,当奈公何?"那是因为诗集只收入歌词而删去表演部分的结果,原来演出恐怕不是这样简易,而有一定故事情节。晋人崔豹《古今注》记:"《箜篌引》者,朝鲜津卒霍里子高妻丽玉所作也。子高晨起刺船,有一白首狂夫披发提壶,乱流而渡。其妻随而止之,不及,遂堕河而死。于是援箜篌而歌曰:(歌词见前引,略)声甚凄怆,曲终,亦投河而死。"这就证明其演出除歌唱外,还有伴奏、表演、说白。《相和歌辞》中还有《陌上桑》《孤儿行》《病妇行》《白头吟》等,其人物故事更为完整,而且有代言性歌词,这都属以歌舞表演为主的泛戏剧形态。

这类叙事性歌舞,由于所叙情事不同,所装扮的不一定是生活中的真人,也可扮演神话传说中的神人和兽类。如张衡《西京赋》中所记大型乐舞《总会仙倡》,其演出"戏豹舞罴,白虎鼓瑟,苍龙吹箎;女娥坐而长歌,声清畅而蜲蛇;洪崖立而指麾,被毛羽之襳褵。"不仅装扮豹、罴舞蹈,而且饰成虎、龙奏乐,仙人歌唱、指挥,还有炫人眼目的布景,形象逼真的效果,这样的大型乐舞已有若干戏剧因素了。

装扮人物的歌舞,至晋,则有《公莫舞》和《礼毕》。《公莫舞》相传是表演鸿门宴故事的。《宋书·乐志》载:"《公莫舞》,今之巾舞也。相传云项庄舞剑,项伯以袖隔之,使不得害高祖,且语云:'公莫'。古人相呼曰公,云莫害汉王也。今之巾舞,盖象项伯衣袖之遗式。"《礼毕》又称《文康王》,是扮演东晋大臣庾亮的歌舞。《隋书·音乐志》载:"《礼毕》者,本出晋太尉庾亮家。亮卒,其伎追思亮,因假为其面,执翳以舞,象其容,取其谥以号之,谓之'文康乐'。"

隋代,也有类似表演,它们多饰为妇人而歌舞。《隋书·音乐志》记:"于(洛阳)端门外,建国门内,绵亘八里,列为戏场……使人皆衣锦缯彩,其歌舞者多为妇人服。"这类装扮妇人的歌舞,源于三国时的"辽东妖妇"和南北朝时的"作女儿子"表演。它们最初只装扮人物,后来才融入故事,逐渐衍成歌舞戏。如唐代的《踏摇娘》,"丈夫著妇人衣,徐步入场,行歌,每一叠,旁人齐声和之云:'踏摇,和来,踏摇娘苦,和来!'以其且步且歌,故谓之'踏摇'……及其夫至,则作殴斗之状。"②歌舞中融入故事,已然是泛戏剧形态了。

二、以假面表演为主的泛戏剧形态。

假面表演最早可追溯到远古时代的宗教祭祀活动——赛祭和傩祭。赛祭装扮神灵,用假面化妆以显示其形象、性格;傩祭亦由方相氏"蒙熊皮,黄金四目,玄衣朱裳,执戈扬盾,帅百隶而时难(傩)。"③所谓"黄金四目",即戴有四个眼睛的面具。驱傩又有十二神兽,其装扮者亦戴兽头面具。从先秦到汉唐,傩祭发展为傩舞,由人戴木雕或布制面具演出。至宋,方相、十二神兽衍变为将军、门神、判官、钟馗、小妹、土地、灶神以驱傩,④同样也戴假面。这些假面表演,属拟神一类,自汉至唐,绵延不断。其间,某些地区也有一些变化,如《荆楚岁时记》所记江淮地区"戴胡公头,及作金刚、力士以逐疫",但也不离拟神假面表演。

假面表演的另一种情况,则是拟兽。演员饰扮动物,最早见于《书经·舜典》的"予击石拊石,百兽率舞。"其后至汉,则有"象人"。《汉书·礼乐志》载:"朝贺,置酒为乐,有常从象人四人,秦倡象人三人。"所谓"象人",孟康注云:"若今戏鱼虾狮子者也。"韦昭也注:"著假面者也。"这类拟兽假面表演,亦称"鱼龙曼衍",盛行于两汉魏晋南北朝乃至隋唐。前引《西京赋》记载当时表演者扮成巨大兽形，或鱼或龙，或狮或马，山东沂南出土的汉墓画像石即绘有这类形象。⑤《汉书·西域传赞》《晋书·乐志》也载鱼龙曼衍的种种表演。《隋书·音乐志》亦记当时"鱼龙曼衍之伎，常列殿前，累日继夜，不知休息。"《隋书·柳彧传》所收柳彧上奏朝廷表章，也记当时外州各地每正月望日"人戴兽面"的表演。这些拟兽假面表演，有一些是带故事情节的，如《西京赋》所记《总会仙倡》中豹、罴、虎、龙舞蹈奏乐，即融入剧情中。至如《东海黄公》的角抵表演，装扮白虎者，戴虎头面具，着斑斓虎衣，与黄公相搏，亦具情节，显然也属泛戏剧形态。

还有一类假面表演为拟人。前引《荆楚岁时记》所记"胡公头"即属此类。胡公，即胡人，其面具宽鼻深目，既有胡人特点，也有传统辟邪兽特征。如果说这种假面还带有拟神、拟兽痕迹的话，那么，"代面"则纯粹是拟人了。"代面"亦作"大面"，是一种假面歌舞优戏，自北齐到隋唐经常演出。代面表演的一个有名剧目《兰陵王》，描写北齐世宗高澄第四子兰陵王长恭英勇杀敌的故事。据唐代崔令钦《教坊记》载："大面出北齐，兰陵王长恭性胆勇，面貌若妇人，自嫌不足以威敌，乃刻木为假面，临阵著之，因以为戏，亦入歌曲。"其假面今虽失传，但从东渡到日本的《罗陵王》面具中可以看出它鹰嘴钩鼻，深目高额，帽饰盘龙，形状可怖，一定程度反映了唐时《兰陵王》面具的风貌。

"代面"非止《兰陵王》一种，唐代段安节《乐府杂录》专列大面戏一类，归入鼓架部中，在"戏有大面"句后，又记《钵头》。其故事为："昔有人，父为虎所伤，遂上山寻其父尸。山有八折，故曲八叠，戏者披发素衣，面作啼，盖遭丧之状也。"《通典》一四六

105

和《旧唐书·音乐志》载其人为胡人,则此表演应从西域传入。《北史》曾载西域有国名"拔豆",常演此节目,故传入中原后以其国名名之。"胡人为猛虎所噬,其子求兽杀之,为此舞象之",⑥人虎相斗,乃角抵表演;"故曲八叠","为此舞象之",则有歌舞;而"披发素衣,面作啼",似有面具,起码已有化妆,似乎三者已融合于一了。隋代薛道衡诗也记当时假面演出"假面饰金银,盛服摇珠玉",⑦也当属拟人的假面表演。

三、以说白为主的泛戏剧形态

这类泛戏剧形态,渊源于先秦时期的优伶装扮人物,即所谓"优孟衣冠"者。优伶表演,初以声口动作模仿真人,其后向装扮人物以演故事方向发展,由单人模仿进而为双人、多人饰扮,由谏讽帝王变为讽刺臣下。这种演变始见于三国时的"许胡克伐"。《三国志·许慈传》载:"(许)慈(胡)潜并为博士……典掌旧文,值庶事草创,动多疑议,慈、潜更相克伐,谤读言忿争,形于声色,书籍有无,不相通借……先主愍其若斯,群僚大会,使倡家假二子之容,效其讼阅之状,酒酣乐作,以为嬉戏,初以辞义相难,终以刀杖相屈。"《北齐书·尉景传》亦载优伶石董桶戏尉景事。尉景贪财贿,高欢"令优者石董桶剥景衣,曰:'公剥百姓,董桶何不剥公?'"这是对犯官的直接讥刺,同时开后来"弄假官"类以说白为主的泛戏剧形态的先绪。

"弄假官"在隋唐时期颇多演出。唐代赵璘《因话录》记肃宗时"女优有弄假官戏",《全唐文》卷四三三《陆文学自传》载陆羽"弄假吏",《太平广记》卷二五〇引唐韦述《西京新记》载扮假吏部令吏与水部令吏相逢俱倒地的戏弄,以及唐代无名氏

《玉泉子真录》载崔铉家僮扮崔铉周旋于妻妾间以为笑乐的扮演皆属此类。

"弄假官"中,有一类为"弄参军"。"弄参军"最早见于南北朝时。唐代段安节《乐府杂录》载:"开元中,黄幡绰、张野狐弄参军,始自后汉馆陶令石耽。耽有赃犯,和帝惜其才,免罪。每宴乐,即令衣白夹衫,令优伶戏弄辱之,经年乃放,后为参军。"《太平御览》卷五六九引《赵书》亦载类似表演。这两则记载有相似之处:犯官同为馆陶令,都做过参军,都因贪赃在宴会中被戏弄。不同的是任参军先后略异,前者真官被戏弄,后者假官被戏弄。看来所记本为一事,后来衍传不同,似乎后赵故事是后汉故事的发展。到了唐代,这类表演繁盛,不仅专名单列,而且有固定的"参军""苍鹘"角色,以言辞相辩难,滑稽调笑,形成独特的表演形式,例所多见,兹不赘引。

除"弄参军"外,"弄假官"后来又衍生出"弄孔子""弄假妇人""弄婆罗门""弄神鬼""弄三教"种种,《乐府杂录》分类叙说,说明其略有区别,但它们都装扮人物,以说白、动作相戏弄,因此都属同一类泛戏剧形态。

以上泛戏剧形态种类,乃择其大者而述,其实类型更多,从西汉至隋唐,它一直在民间、宫廷演出。各类泛戏剧形态,自身有一定的承传关系,但类与类之间,却无嬗变轨迹。论述中国戏剧的发展,如果将不同类别的演出连接起来述说戏曲形成前的承传递进,是不恰当的,假如将泛戏剧形态当作一个板块,一个阶段,置于戏剧起源与戏曲形成之间来描述,分类说明其特点与嬗变,似乎更切合实际。

三

泛戏剧形态不仅出现在成熟戏剧形式之前,而且在戏曲形成之时也依然存在,它伴同初生的戏曲广泛地在民间演出,使之从原始自然状态向统一体制方向过渡、发展。

公元 10 世纪中叶到 13 世纪后期的宋金时期,社会状况出现了较大变化。在宋以前,城市作为政治活动中心,商品经济没有充分发展,加上当时城市的规制,把坊巷与市肆分开,民众居于坊巷,商业活动则白天集中在指定的市肆进行,这种规制自然限制了自由经济的贸易,同时也影响了民间技艺的演出。到了宋代,随着手工业和商业的发达,城市人口大大增加,城市不仅是政治活动的中心,而且成为经济活动的中心。这时,坊制逐渐废除,店肆林立,分散于城内各街巷,而且出现繁盛的夜市。这些变化,有利于城市伎艺的演出,有利于戏曲艺术的形成和发展,宋杂剧和金院本的出现,就是社会状况变化的产物。

治戏曲史者,过去大多把宋杂剧、金院本认作一种或两种戏剧形式,并把它们看成是中国戏曲形成的标志。其实,宋杂剧和金院本并未形成统一的艺术体制,而只是一个丰富的艺术综合体,其中包括许多不同的艺术形态、不同风格特点的表演形式,既有初臻成熟的戏曲,也包含各种各样的泛戏剧形态。

一种是偏重于歌舞的。在宋代周密《武林旧事·官本杂剧段数》所收二百八十种剧目中,偏重于歌舞的占半数以上。这类剧目的剧名大多缀有大曲、法曲或词牌名,如《莺莺六幺》《裴少俊伊州》《崔护逍遥乐》《柳毅大圣乐》《车儿法曲》《三教安公子》《醉花阴爨》等。元代陶宗仪《辍耕录·院本名目》所收六百九十种剧目,偏重于歌舞的较宋杂剧少,但也有一定数量,如《月明法曲》《上坟伊州》《病郑逍遥乐》《夜半乐打明皇》等。现存宋人曾慥《乐府雅词》所载《道宫薄媚·西子词》和宋人史浩《鄮峰真隐漫录》所载《剑舞》《渔父舞》中,可以看出它们主要是用大曲、法曲以咏唱故事,间有舞蹈、人物装扮,有关故事的表演只作大概的比画,很难说是成熟的戏剧,只能视之为泛戏剧形态。它们是宋以前歌舞戏的延续。

另一种偏重于假面表演。主要装扮神鬼或相貌怪异的人物。《官本杂剧段数》和《院本名目》所记宋杂剧和金院本剧目,属"弄神鬼"类的泛戏剧形态也不少,前者如《驴精六幺》《钟馗爨》《二郎神变》,后者如《马明王》《五鬼听琴》《变二郎爨》《错取鬼》等。现存部分宋金戏曲文物中,也可看到当时的种种假面表演。如北宋苏汉臣《五瑞图》,描绘端午节时儿童游戏,扮演者五人,分戴假头,以示五瑞。南宋无名氏《大傩图》,表演者也戴怪异大头(假面)舞蹈,展现迎春舞队的祈福景象。[8]南宋朱玉《灯戏图》,所绘舞队十三人,分别装扮"班首"和"李大口""扑蝴蝶"者、"村田乐"里的村夫、"大憨儿""瞎判官""夹棒""交椅""长头""装态"各色人物,[9]均为假面表演。此外,宋代笔记小说中也记载元宵节时表演的"大小全棚傀儡"节目《抱锣》《硬鬼》《舞判》《歇帐》,演员化装为"假面披发""戴面具金睛""假面长髯,裹绿袍靴简""假面异服如祠庙中神鬼塑像";[10]驱傩时亦以假面装扮将军、门神、判官、钟馗、小妹、土地、灶神;[11]"圣节"(皇帝诞辰)供盏献艺的演出"傀儡舞鲍老",亦为假面舞蹈;[12]禁中大宴时表演"全场傀儡",其"阴山七骑、小儿竹马、蛮牌狮豹、胡女番婆、踏跷竹马、交茗鲍老、快活三郎、神鬼听刀""鞍鞯舞老番人、耍和尚""大敦儿、瞎判官、神杖儿、扑蝴蝶、耍师姨、池仙子"等[13]也大部分是假面装扮。以上假面表演也承接宋以前的假面泛戏剧形态而来。

第三种是偏重于说白,滑稽成分较多的。这类演出,宋金杂剧中所占比例最多。《官本杂剧段数》中的《说月爨》《钱爨》《四孤夜宴》《急慢酸》《眼药酸》《院本名目》中的"打略拴搐""拴搐艳段""诸杂砌"所包含的种种剧目均属此类。这类表演在宋金笔记小说中记载也很多,如宋代洪迈《夷坚志》所载"孔孟让座王安石",周密《齐东野语》所载"三十六髻",岳珂《桯史》所载"二圣环"等,它们没有乐队伴奏,表演手段主要是说白,再加上简单的故事情节,内容诙谐滑稽,讽刺嘲弄,大多针砭时弊,即兴而作,有类唐代的"弄假官"等泛戏剧形态。从角色名称上看,宋金杂剧的主要角色"副净""副末",即源于唐参军戏的"参军""苍鹘";从表演特点看,宋金杂剧的"发乔""打诨",也与唐参军戏的动作滑稽怪异、语言引人发笑一脉相承;从表演类型看,前引"孔孟让座王安石"的表演实为"弄孔子"的延续,"三十六髻"则属"弄假妇人"的发展,"和尚家门"类的《秃丑生》《唐三藏》《窗下僧》,是为"弄婆罗门"的变异,《钟馗爨》《二郎神变》则明显渊于"弄神鬼",因此,二者是有渊源关系的。

应该指出,宋金杂剧中还有一类是偏于故事表演的,这是接近成熟戏剧的一支,是元代北杂剧的雏形和前身。这类表演,虽在《官本杂剧段数》和《院本名目》中记载不多，但在戏曲文物中却可得到证实。比如山西稷山马村段氏墓群中的戏曲砖雕，除绘刻乐奏演员外，还有四至五个角色形象，即为宋金杂剧中的"末泥""装旦""副净""副末""装孤"，而且，有的砖雕绘刻成熟戏剧表演的场面，如2号墓所绘制者。⑭此外，河南荥阳宋代石棺杂剧线刻，山西侯马董氏墓戏台模型和戏俑，也可证明这类偏重故事表演的形态的存在。⑮它们和上述三种泛戏剧形态的剧目同时在宋金城市农村的勾栏、戏台上演出，彼此影响。相比较而言，泛戏剧形态的表演更多，它们的广泛演出，导致了初臻成熟戏剧的出现，使它向多种艺术融合的方向发展。

四

戏曲这种综合的戏剧形式形成以后，泛戏剧形态依然存在，伴随着戏曲形式的演进，它也表现出种种变化状态，在不同的场合下呈现于世人面前。

宋金以后，元代北杂剧繁盛，泛戏剧形态常常与杂剧在舞台上共演。元代杜善夫散曲《庄家不识勾栏》反映了这种情况。这套散曲描写农村庄稼汉在城市勾栏观看杂剧演出，其前则先演院本《调风月》，舞台上"中间一个央人货，裹着枚皂头巾，顶门上插一管笔，满脸白灰更着些黑道儿抹"，"浑身上下则穿领花布直裰"，"念了会诗和词，说了会赋与歌，无差错，唇天口地无高下，巧语花言记许多"。这显然是副净角色，所演偏重于说白，与其后的杂剧《刘耍和》在剧情上有明显的不同，而它们是在戏台上共演的。

111

泛戏剧形态有时也融进杂剧中演出，成为杂剧不可分割的组成部分。最有代表性的例证是元杂剧《飞刀对箭》中张士贵上场自报家门，即成套搬用了金院本《针儿线》。它是"卒子家门"中的一个段子，以说白调谑为主，剧作家把它嵌入杂剧表演中，成为严肃戏剧场面的一个喜剧穿插。这种情况在元杂剧中颇为多见，像《降桑椹》第二折，插入院本《双斗医》；《黄鹤楼》第二折，净扮禾旦伴姑儿，正末扮禾侏；《薛仁贵》第三折，丑扮禾旦，正末扮泼禾，都嵌入金院本"禾下家门"的逗乐段子。南戏亦有类似情况，《张协状元》中张协与贫女成亲，由丑饰扮的小二装扮屋门、桌子并偷吃酒果的调谑表演，原来都属泛戏剧形态中偏重滑稽表演的一种，这时也融入成熟的戏剧中了。

这时期的泛戏剧形态，除了部分融入古代戏曲样式如杂剧南戏外，也有一些散落于宗教祭祀，成为赛祭和傩祭演出的节目。比较典型的是古上党地区流传至今的《迎神赛社礼节传簿四十曲宫调》（亦称《周乐星图》，明万历二年抄立）和《唐乐星图》（清嘉庆二十三年抄立）中，即记有前行（即参军色）勾队"说词"《三元戏竹》《百花赋》《细分露台》《百福寿》《酒词》，"祝赞"《祝寿讲山赋》《迎寿讲山祝水赞》《祝山歌》《八仙赞》《王母赞》，供盏献艺时上演的《万寿歌》《倾杯乐》《梨园曲破》《单舞盘中曲》和祭祀后上演的"队戏"《顺圣乐·十八国临潼斗宝》《中和乐·马践杨妃》《剑器·胡谓州·中吕·鸿门会》《拨花梁州·哪吒太子降牛魔王》等等。⑯这些节目都是宋金时偏重于说白或歌舞的泛戏剧形态的遗留。山西曲沃任庄《扇鼓神谱》（清宣统元年抄立）亦记傩戏剧目《攀道》《吹风》《打仓》《猜谜》，它们的表演偏重于说唱；⑰河北武安固义大型傩戏《捉黄鬼》，以及脸戏《点鬼兵》《吊掠马》《吊四值》《开八仙》等，则以假面头套演出。此外，广西邕宁师公戏《大酬雷》、贵州威宁彝族变人戏《搓特基》、湖南吉首土家族原始戏剧《毛古斯》、云南澄江的关索戏等，也都以涂脸或面具表演。以上种种演出，或源于宋金，或后人新创，各具形态，都属于节令民俗宗教活动中的泛戏剧形态。

明清以来，地方戏勃兴，一些剧种源于古代传统戏剧形式，另一些则从民歌、说唱演变而成。在民歌与说唱向戏剧演进中，其过渡阶段的表演其实也属泛戏剧形态。比如评剧，最初是对口莲花落，后来发展为蹦蹦戏，即属泛戏剧形态，以后又吸收了河北梆子、京剧艺术的滋养才形成真正的戏剧。沪剧渊源于上海郊区的民歌，清末吸收宝卷的曲调与节目，演变为泛戏剧形态"本滩"和"申曲"，抗日战争后才发展为比较完整的戏曲剧种。此外花鼓、花灯、采茶等戏更是各地民间歌舞演化而成，中间吸收别的剧种的剧目、表演方法，而在发展过渡阶段，其实也都属泛戏剧形态。

五

为什么泛戏剧形态能够长期存在，不仅在戏曲形成之前频繁演出，而且在戏曲形成之后仍活跃于民间呢？这主要有以下几方面的原因。

首先，泛戏剧形态简易可行，可以满足古代民众文化娱乐的需求。民众生活在世间，除了物质需求外，还有精神上的需求，其中包括文化娱乐的享受。在中国古代,戏曲形成之前,文化娱乐主要有歌、舞、乐、技(百戏、杂耍)、俳优调谑等。它们的演出,都需要一定的条件,包括场所、器具、服饰等。娱乐形式不同,需求的演出条件简繁不一。以乐奏而言,就有一个乐器问题,有的乐器比较简单,容易制作,如箫、笛、鼓、板等。有的乐器比较复杂,难以制作,如编钟、琴、瑟等。其演出独奏容易,合奏则难,而大型乐奏只能在宫廷宴会中演出,民间不易进行。又如歌舞,群舞要求有统一的服饰、装扮,大型乐舞要配以布景、乐奏。杂技表演也需要一定的器物,或杆或鼎,或索或丸,繁简难易不一。相对以上种种文化娱乐形式,泛戏剧形态较为简易可行,其演出场所要求不高,可随处作场。人数需求较少,远逊大型乐奏和群舞,因而可以随时随处演出。

其次,泛戏剧形态具有鲜活的审美特征。较之歌、舞、乐、技、调谑等,它具有可视、可听、有悬念、有趣味的独特性。能满足民众的耳目等各方面感官的审美需求,从而得到他们的认同。而泛戏剧形态又不是单一的文化娱乐形式,而是纷繁复杂的种种表演。同属泛戏剧形态,同样含有某些装扮人物、情节故事的戏剧因子,同样具有一定的外观系列,但侧重不同,或重歌舞,或重说白,或重表演,则类型各异,这就较之歌、舞、乐、技等文化娱乐的单一性更具吸引力,受到不同层次、不同审美需求的民众的欢迎。

再次,一种文化娱乐形式产生之后,便具有相对的独立性,也具有其延续性。在戏曲形成之前,泛戏剧形态以其简易性和独特性填补了一定时期审美的空缺而获得民众的认同和欢迎,观众在观赏中不知不觉地产生一种感情维系。这样,在艺术丰富性较高的戏曲形成之后,这种相对原始简易的演出同样还有一定的观赏市场。它们长期存在于民间,文人较少参与,导致这种演出形态始终处于一种自为状态之中,不便改易。加之它们在民间演出,成为民俗庆赏活动的一个重要组成部分。它们生存于民俗的肥沃土壤之中,随着民俗的持续存在,也就长期保留下来。

六

本文把"泛戏剧形态"作为一个概念提出,并试作较为系统的论述。提出这一概念的初衷是想为中国戏曲史研究提供一条新的思路,一个新的范畴,以使同仁关注这一以往未被重视的领域,以及与之相关的问题。以往治戏曲史者,在探索戏曲渊源时往往瞩目于构成戏曲诸艺术因素中的一二种,并与戏曲形成直接联系起来,而忽视其他艺术因素对戏曲形成的作用,更忽视在此之前诸艺术因素已有部分的融合,因而往往各执一端,相持不下。事实上,戏曲作为一种综合性极强的艺术形态,影响它形成的艺术因素绝非一二种。作为在戏曲形成之前已长期存在的"泛戏剧形态",它是从总体上导致了中国戏曲的形成,并决定了中国戏曲的一系列特点。因此,将这一形态作为一个整体,去寻找这个"板块"同中国戏曲之间的渊源关系就显得极为重要。

以往治戏曲史者,在探索戏曲渊源时也注意到戏曲形成前种种泛戏剧形态的演出(虽然未予定名并把它当作一个艺术整体来看待),但是对它们的探究只止于宋金之前,似乎这种形态只存在于戏曲形成之前,它们的使命只在于为戏曲形成准备了各种艺术因子和演出经验,而没有看到这种艺术形态在戏曲形成时依然存在,与初臻形成的戏曲同时共处,同台表演,使那时期的演出处于多层次,多种类的状态,并使初臻形成的戏曲得以融合更多的艺术因素,向成熟的方向发展。由此我们联想到"杂剧"这一概念出现的意义。"杂剧"的称谓在宋金时出现绝非偶然,一定程度上它是泛戏剧形态竞相繁荣的标志,是人们对泛戏剧形态融合趋向的描述,说明在宋金时期人们已把它们综合起来看待。所谓"杂",正体现泛戏剧形态整体包容内容之多、形式之繁的特点,同时也标志着中国戏曲综合性的滥觞。这里我们还要看到,在戏曲形成并繁荣后,泛戏剧形态部分消失,部分继续存在,部分在新的土壤中滋生,它们或融入已成熟的戏曲,成为其组成部分,或由它萌发、演变成新的剧种,这都对戏曲形式的丰富、种类的繁衍起着推动作用,泛戏剧形态这方面的意义,是不应忽视的。

（《文学遗产》1996 年第 4 期；韩国《中国戏曲》第 4 辑）

注释：

① 王国维《宋元戏曲考》"上古之五代的戏剧"。

② 唐·崔令钦《教坊记》。

③《周礼·夏官·方相氏》。

④ 宋·孟元老《东京梦华录》卷之十"除夕"条。

⑤ 见山西师范大学戏曲文物研究所《宋金元戏曲文物图论》图六。

⑥《旧唐书·音乐志》。

⑦ 隋·薛道衡《和许给事善心戏场转韵》诗。

⑧ 见山西师范大学戏曲文物研究所《宋金元戏曲文物图论》图四五、四六。

⑨ 见《中华戏曲》第一辑周华斌《南宋〈灯戏图〉说》所附图片。

⑩ 宋·孟元老《东京梦华录》卷之七"驾登宝津楼诸军呈百戏"条。

⑪ 宋·孟元老《东京梦华录》卷之十"除夕"条。

⑫ 南宋·周密《武林旧事》卷第一"圣节"条。

⑬ 南宋·西湖老人《繁胜录》"街市点灯"。

⑭ 见山西师范大学戏曲文物研究所《宋金元戏曲文物图论》图六三。

⑮ 见山西师范大学戏曲文物研究所《宋金元戏曲文物图论》图六一、七二。

⑯《中华戏曲》第3辑《迎神赛社礼节传簿四十曲宫调注释》和第13辑《唐乐星图注释》。

⑰《中华戏曲》第6辑《扇鼓神谱注释》。

"参军色"与"致语"考

黄竹三

　　研究中国戏曲史者都知道,宋代杂剧中,有一个重要角色叫"参军色",它在宫廷演出时常有"致语"。但"参军色"具何职责,如何装扮,"致语"为何,后世是否有传承衍变? 由于记载过略,未能深知。近年来在山西、河北等地戏曲文物和宗教祭祀演出中,却发现不少有关资料。本文试图将"参军色"与"致语"的内涵及演变作系统述说,以期对中国戏曲史研究提供若干参考。

一

　　参军色,是宋代宫廷教坊重要的演出人员,两宋笔记野史多有记载。宋耐得翁《都城纪胜》"瓦舍众伎"条载云:

　　　　散乐,传学教坊十三部,唯以杂剧为正色。旧教坊有筚篥部、大鼓部、杖鼓部、拍板色、笛色、琵琶色、筝色、方响色、笙色、舞旋色、歌板色、杂剧色、参军色。色有色长,部有部头。[①]

　　宋吴自牧《梦粱录》卷二十"妓乐"条所记与此相同。[②]考之

《宋史·乐志十七》，宋代宫廷，沿唐旧制，设有教坊，"凡四部，其后平荆南，得乐工三十二人；平西川，得一百三十九人；平江南，得十六人；平太原，得十九人；馀藩臣所贡者八十三人；又太宗藩邸有七十一人。由是，四方执艺之精者皆在藉中"，③用以岁时宴享。"乐用琵琶、筝、笙、箫篥、笛、方响、杖鼓、羯鼓、大鼓、拍板，杂剧用傀儡。"④与《都城纪胜》《梦粱录》所记大略相同，但没有提到参军色。除教坊外，《宋史·乐志》还记载宋代官方演出机构还有太常乐（雅乐）、云韶部、钧容直（军乐）、开封府衙前乐（南宋时为临安府衙前乐）、诸州又有州衙前乐，⑤用乐与乐工和教坊不完全相同，也没有提及参军色。

事实上，宋代教坊确有参军色，它在宫廷或官府大宴时诵念致语，进祝颂之辞，导引乐舞杂剧演出，两宋笔记野史时有记载。宋孟元老《东京梦华录》卷之九"宰执亲王宗室百官入内上寿"条载：

> 第五盏御酒，独弹琵琶……百官酒，乐部起《三台》舞……参军色执竹竿子作语，勾小儿队舞……乐部举乐，小儿舞步进前，直叩殿陛。参军色作语，问小儿班首近前，进口号，杂剧人皆打和毕，乐作，群舞合唱，且舞且唱。⑥

《梦粱录》卷三"宰执亲王南班百官入内上寿赐宴"条亦载：

> 第四盏进御酒，宰臣百官各送酒，歌舞并同前。教乐所伶人以龙笛腰鼓发浑子，参军色执竹竿拂子，奏俳语口号，祝君寿。杂剧色打和毕，且谓"奏罢今年新口号，乐声惊裂一天云。"参军色再致语，勾合大曲舞。
>
> 第五盏进御酒……百官酒，乐部起《三台》舞，参军色执

竿奏数语,勾杂剧入场,一场两段。

第七盏进御酒……百官酒,舞《三台》,参军色作语,勾杂剧入场,三段。⑦

南宋情况与北宋相类。南宋周密《武林旧事》卷第一"圣节"条指出,"若赐宴节次,大率如《梦华》所载",同时具引宴乐初坐乐奏第四盏时和(艺人)"进念致语",导引乐奏《福寿永康》《庆寿新》,并随后吴师贤演出《君圣臣贤爨》等杂剧。⑧

不仅在宫中宴会演出时参军色作念致语,而且圣驾外出赐宴也有类似节次。《东京梦华录》卷之六"驾幸临水殿观争标锡宴"条即载:

驾先幸池之临水殿锡燕群臣……近殿水中,横立四彩舟,上有诸军百戏,如大旗、狮豹、棹刀、蛮牌、神鬼、杂剧之类。又列两船,皆乐部。又有一小船,上结小彩楼,下有三小门,如傀儡棚,正对水中。乐船上参军色进致语,乐作,彩棚中门开,出木偶人。小船子上有一白衣垂钓,后有小童举棹划船,辽绕数回,作语,乐作,钓出活小鱼一枚,又乐作,小船入棚。继有木偶筑球舞旋之类,亦各念致语,唱和,乐作而已。⑨

这里,参军色致语,引出水傀儡表演,其义与宫廷中赐宴演出乐舞杂剧相同。

参军色在诵念致语,导引乐舞杂剧演出外,有时还亲自参与表演。如前《武林旧事》卷第一"圣节"条所述初坐乐奏第四盏时和念致语,其后在再坐乐奏第六盏,时和又参与杂剧表演,搬演《四偌少年游》、断送《贺年丰》。又如宋史浩《鄮峰真隐漫录》卷四六"剑舞"条所记(这条史料张庚、郭汉城主编的《中国戏曲通史》63 页详引,兹不赘录),其内容主要是竹竿子(即参军色,因其手执竹竿子,故以物直称)引二舞者出场,竹竿子先念致语,乐部、舞者唱念描写剑器之词,为演出序幕。其后是正戏部分,为两段。先表演鸿门宴故事,二汉装者分别扮演刘邦和项羽,对坐。另二人一扮项庄,持剑欲刺刘邦,一扮项伯,进前翼蔽。其间竹竿子念词解说。第二部分表演公孙大娘舞剑之事。二人着唐装分别扮演杜甫和张旭,另有一男一女对舞,其间竹竿子念词叙述张旭观公孙大娘剑舞而草书大进及杜甫作诗事。最后由竹竿子致辞遣队。整个演出有人物,有故事,配合歌舞,而竹竿子一直处其中,为不可缺少的角色。

由于教坊隶属宫廷,因此宫中事务如驾出郊祀、游幸、燕射等,乐部皆随行侍候,导引动乐。这时参军色亦念致语口号。如《武林旧事》卷第一"大礼"条载:

登门肆放。其日,驾自文德殿诣丽正门御楼,教坊作乐迎导,参军色念致语,杂剧色念口号……至南宫门,教坊迎驾,念致语口号如前。⑩

同书卷第一"恭谢"条:

大礼后……第二日上乘辇,自后殿门出,教坊都管已下于祥曦殿南迎驾起居,参军色念致语,杂剧色念口号,乐作……衙前乐都管已下三百人,自新椿桥西中道排立迎驾,念致语、口号如前,乐动《满路花》。⑪

同书卷第八"车驾幸学"条:

驾至纯礼坊,随驾乐部参军色念致语,杂剧色念口号,起引子……（驾）乘辇鸣鞭出学，百官诸生迎驾如前。随驾乐部，参军色迎驾，念致语，杂剧色念口号，曲子起《寿同天》引子，导引还宫。⑫

参军色念致语，记载甚明。又如《梦粱录》卷一"车驾诣景灵宫孟飨"条："驾出景灵宫，至回龙桥，教乐所人员拦驾奏致语，杂剧色打和。"⑬又，同书卷五"驾宿明堂斋殿行禋祀礼"条："（上）更服登辇，教乐所伶人在殿前排列，奏庆礼成曲……伶人进口号，乐复作。"⑭又，《武林旧事》卷第一"大礼"条："上乘大安辇，从以五辂进发，教坊排立，奏念致语口号讫，乐作……入丽正门，教坊排立，再奏致语口号，舞毕。"⑮同书卷第二"燕射"条："淳熙元年九月，孝宗幸玉津园讲燕射礼……教坊进念致语口号，作乐……上乘逍遥辇出玉津园，教坊进念口号。"⑯以上四条史料，虽然文中未记念致语者为谁，但从文意可以看出乃参军色。

概上所述，参军色乃宋代教坊中一相当重要的角色，它在宫廷乐舞杂剧演出中有指挥、协调的职能，有时还直接参与演出，但不类一般宋杂剧演出中的"参军"（如宋岳珂《桯史》"二圣环"故事中扮演秦桧的滑稽角色），后者实为副净之古称，源于唐代的参军戏。同时，参军色在宫廷事务中作为教坊乐部的一员随驾出行，起导引动乐作用。但它又不同于协律郎，后者为官职，不属教坊，虽也指挥奏乐，但无导引演出之任，所执仪物为麾，而不是竹竿子，在《梦粱录》卷五"驾宿明堂斋殿行禋祀礼"条中与参军色同时被记载，可见二者并非一人。

二

参军色的服饰装扮为何,在两宋笔记中略有记载。宋代民俗,"士农工商诸行百户衣装各有本色,不敢越外",[17]《宋史·舆服志》记之甚详。教坊艺人,其服色自然有严格规定。《都城纪胜》"瓦舍众伎"条在记教坊十三部名色后即载云:"其诸部分紫、绯、绿三等宽衫,两下各垂黄义襕,杂剧部又戴诨裹,其余只是帽子幞头。"[18]《梦粱录》卷二十"妓乐"条也有类似记载。[19]这里的紫、绯、绿三色,是艺人服装的定色。三等宽衫,指诸部诸色艺人分为三等。《宋史·乐志十七》亦云:"(教坊)把色人分三等"。[20]那么,参军色属何等,具体服饰如何? 可以肯定的是穿宽衫,垂黄义襕,戴幞头帽子(据《宋史·舆服志五》所载,宋代幞头以纱为表,涂以漆,平施两脚,即黑纱展脚幞头)。至于紫绯绿三色中,参军色服装属何种颜色,未能遽定。

近年来,在山西南部发现了有关参军色形象的线刻和壁画,印证上述文献史料,使我们进一步明确了参军色的服饰装扮,解决了某些疑难问题。一是山西省高平市西里门二仙奶奶庙金代正隆二年(1157)露台基座东侧的杂剧线刻图。此图绘刻杂剧角色十人,正列队行进表演,右第一人头戴展脚幞头,身穿圆领宽袖长袍,双手执一竹竿,置于胸前,此当为参军色形象(其余诸角色为舞者二人、杖鼓二人、笛色一人、筚篥二人、拍板一人、羯鼓一人,与《都城纪胜》《梦粱录》所记略同)。由于此图为线刻,未着颜色,因而未能确定幞头和长袍的色彩。另一是山西省浮山市上东村宋墓壁画,上面亦绘有参军色形象。其形象也是头

123

戴展脚幞头,身穿圆领宽袖长袍,双手执竹竿置于胸前,幞头为黑色,长袍为红色。至此,我们终于窥见了宋代参军色的服饰装扮。

参军色所执仪物为"竹竿子",或谓"竹竿拂子",这在前引《东京梦华录》和《梦梁录》条文中已述及。但"竹竿子"(或"竹竿拂子")形状如何,记载语焉不详。顾名思义,当为一长竹竿,而谓之"拂子",其顶部似有细小分岔饰物,如拂尘之类。但这只是猜测,亦难肯定。可喜的是,"竹竿子"这一仪物在朝鲜李朝成宗二十四年(相当于中国明朝弘治六年)柳子光编纂的《乐学轨范》卷八"唐乐呈才仪物图说"中却有记载,其文为:

> 竹竿子,柄以竹为之,朱漆,以片藤缠结,下端蜡染铁妆(凡仪物柄同),雕木头冒于上端,又用细竹一百个,插于木头上,并朱漆,以红丝束之。每竹端一寸许,裹以金箔纸。

该书又附有"竹竿子"线描图。凑巧的是,前面所引山西高平和浮山的线刻和壁画所刻绘参军色手中所执竹竿形状,与此基本相类。高平画中的竹竿,下部直而细长,上部顶端有一圆球状物,上插许多细竹条,呈分散状。浮山画中的竹竿,主体亦为一细长竹竿,上端有二细条状物向上伸出,呈 V 字形,与前者相较,上端细竹条多少有差。似乎高平所刻为宋金时代"竹竿子"的典型形制,而浮山所绘是宋代"竹竿子"的变化形态。

三

参军色在宋代宫廷宴集导引乐舞演出前要念"致语"(又称"作语""致辞"),它和杂剧色所念"口号"常连在一起,其源出自祝颂之需。在两宋时期民众日常生活中,常有致辞之举,如嫁娶,男家到女家迎亲,"茶酒司互念诗词,催请新人出阁登车,既已登车,攀檐从人未肯起步,仍念诗词,求利市钱酒毕,方行起檐作乐。迎至男家门首,时辰将正,乐官妓女及茶酒等人互念诗词,拦门求利市钱红。"㉑在宫廷宴会中,致辞与口号由乐工诵念。《宋史·乐志十七》载:

> 乐工致辞,继以诗一章,谓之"口号",皆述德美及中外蹈咏之情……小儿队舞,亦致辞以述德美……女弟子队舞,亦致辞如小儿队。㉒

《东京梦华录》卷第七"驾登宝津楼诸军呈百戏"条云:

> 诸军百戏,呈于楼下,先列鼓子十数辈,一人摇双鼓子,近前进致语,多唱"青春三春蓦山溪"也。㉓

所述德美之词,与宴集庆贺之事或所演乐舞杂剧有关。宋陈旸《乐志》八七"俳优"条云:"唐时谓优人辞捷者为'斫拨',今谓之杂剧也。有所铺叙曰'作语',有诵辞篇曰'口号',皆巧为言笑,合人主和悦。"㉔后来,致语逐渐归参军色诵念,口号则由杂剧色负责,前引诸史料可证。

那么,"致语""口号"是怎样的呢?下面兹举三例说明。其一,《鄮峰真隐漫录》"剑舞"条"竹竿子"引二舞者上场所念致语:

> 伏以珎席欢浓,金樽兴逸,听歌声之融曳,思舞态之飘摇。爰有仙童,能开宝匣。佩干将莫邪之利器,擅龙泉秋水之嘉名。鼓三尺之莹莹,云间闪电;横七星之凛凛,掌上生风。宜到芳筵,同翻雅戏。㉕

其二,《武林旧事》卷第一"圣节"条,收入理宗朝禁中寿筵乐次,初坐乐奏后,时和进念致语:

> 伏以华枢纪节,瑶墀先五日之春,玉历发祥,圣世启千龄之运。欢腾薄海,庆溢大廷。恭维皇帝陛下,睿哲如尧,俭勤迈禹,躬行德化,跻民寿域之中,治洽泰和,措世春台之上。皇后殿下,道符坤顺,位俪乾刚,宫闱资阴教之修,海宇仰母仪之正。有德者必寿,八十个甲子环周;申命其用休,亿万载皇图巩固。臣等生逢华旦,叨预伶官,辄采声诗,恭陈口号:

> > 上圣天生自有真,千龄宝运纪休辰。
> > 贯枢瑞彩昭璇象,满室红光衮翠麟。
> > 黄阁清夷瑶英晓,未央闲暇玉厄春。
> > 箕畴五福咸敷敛,皇极躬持锡庶民。

> 日迟鸾旆,喜聆舜乐之和;天近鹓墀,宜进《齐谐》之伎,上奉天颜;吴师贤已下,上进小杂剧。㉖

其三,朝鲜《乐学轨范》卷之五"时用乡乐呈才图说"中《凤来仪》所附《醉丰亨舞图》描写演出时:

> 乐奏,前引子,击拍,奉竹竿子二人足蹈而进,左右分立,乐止。口号:"念我祖宗德盛功隍(煌),载笃其庆,诞膺成命。于万斯年,赫赫昭宣,永言叹嗟,唯以遂歌。"讫,击拍奏前乐,奉竹竿子二人足蹈击拍舞退……乐奏后引子,击拍,奉竹竿子二人足蹈小进而立,乐止,口号:"天高地厚,盛德难名,形诸歌颂,庶几象成。箫管既奏,肃雍其声,万姓欢心,永贺升平。"讫,击拍奏前乐,奉竹竿子二人足蹈击拍

而退。

从以上三例来看,致语文辞典雅,多为对偶文字,对仗排比工整。口号则为诗体,或七言,或四言。二者皆为颂扬之语。这些典雅文字,不可能出之于文化程度较低的伶人乐工之手,应为文人学士所代撰。《武林旧事》卷第八"人使到阙"条有一段记载可以证明:"五日,大燕(宴)集英殿,尚书郎官、监察御史已上,并与学士院撰致语。"㉗事实上,宋代著名文人如欧阳修、王安石、苏轼等文集中都有这类作品。

以上皆为宫廷宴集参军色诵念致语的情况。民间演出如何呢?两宋正史笔记记载阙如,不得其详。八九十年代,山西省潞城县崇道乡南舍村发现抄立于明万历二年的《周乐星图》(发表时称《迎神赛社礼节传簿四十曲宫调》,㉘长子县东大关村又发现抄立于清嘉庆二十三年的《唐乐星图》(据明嘉靖元年本重抄),㉙以及其他社赛祭祀文本,内中就提到并收有许多民间赛祭演出时"竹竿子"(当地称"前行")诵念的"致语"(当地称"祝词""说词")。《周乐星图》本中,提到前行的说词有《三元戏竹》《百花赋》《细分路台》《百寿福》《酒词》(又名《酒诗》)。《唐乐星图》本提到的前行说词有《讲百花盏》《分戏竹》《讲路台》,收有说词《祝寿讲山赋》《迎寿讲山祝水赞》《祝山歌》(二种)、《讲山歌》《论讲山歌》《香文》《古论对日云》《祝皇文》等。《迎神赛社祭祀文范及供盏曲目》(潞城县发现,抄立于清道光年间)收入前行说词有《讲山峡》(七种)、《祝皇文》(三种)、《祝寿赞语》等。㉚《赛场古赞》(长子县发现,抄立于清雍正四年至道光二十五年)收有前行说词《八仙赞》《贴篇诗祝赞》《东华帝君诗祝赞》《十供养》《十段锦》《百寿赋》《老人星赞》《报晓文》《请阴神文》《祝香文》《放生》《拿生》《寿山并福海》《道左寒山》《四边静》《混沌赞》《跑太阳》《跑太阴》《送神跳探则》《讲三台》(又名《楼台》)、《讲响杖》《分戏竹》《祝山文》《古论赋》《百花赋》《缴恋》《讲古赋》《阴阳乐》《讲金鸡》《百花会》《三元戏竹》《东方朔赞》《唐皇游月宫》《王母赞》《护法伽蓝》《太平鼓板》《细乐》《小队则》《送神打彩》《尧王显圣酒诗》《讲五台山》《唐明(王)皇帝云游五台山玩景》《唐明皇竹击梧桐》《迎寿八仙讲路》《诗赞》《说鹤》《供八仙》等,计数十种。[31]现从中选择不同题材、不同写法的三种抄录如下。

一、《供盏曲目》所收《讲山峡》(第五盏前行诵念):

夫山者,出地作镇,奇峰插天;陡崖峻石,叠彰(嶂)重恋。古柏苍松满崖间,草庵洞府真幽谷。太行曲绕万里,其中亦有异迹;海内蓬莱三岛,古刹方士称奇。武夷九曲,步步引人入胜;峨眉三峰,历历至今堪传。庐山面目谁能□,山(仙)府终南是洞天。极西火燃八百里,瑶池王母奠其居。黎(梨)山尼姑称山(仙)窟,南海普陀宅其区。古来名山多胜迹,唯祝南山寿不虚。

二、《唐乐星图》所收《祝皇文》:

伏以皇帝万岁万万岁,智同日月,寿并乾坤。万邦歌有道之长,四海乐无穷之化。恭维太上皇帝圣体永安,太后皇后崇增瑞算,文武官僚感臻禄位。河清海晏,五谷丰登;干戈偃息,迁(边)鄙和平。伏乞圣寿无疆福无疆,万岁万岁万万岁。

三、《赛场古赞》所收《分戏竹》(又称《三元戏竹》):

> 三元戏竹古今留,先朝历代起根由。黄帝春秋卫灵公,大唐明皇月宫游。虽无降龙伏虎艺,善治龙蛇振千秋。当初不是伶伦造,鼓板全凭话语周。夫戏竹者,是我前行手中拿得。这一杆戏竹,三杆戏竹。那(哪)三杆戏竹?原来是天元戏竹、地元戏竹、人元戏竹。出自何朝?立自何帝?天元戏竹者,出自轩辕黄帝所治遗留,上有三百六十枝散头,按一年三百六十日。上挂香球一个,按上方混元一气。上挂绣锦头绳两条,一条长,一条短,长者按天,短者按地。地元戏竹者,出自春秋卫灵公所治遗留,上有七十二枝散头,按一年七十二应候。上挂香球一个,按上方太极图,动而生阳,静而生阴。上挂绣锦头绳两条,一条长,一条短,长者按阳,短者按阴。人元戏竹者,出自大唐明皇所治遗留,上有二十八枝散头,按上方周天轮二十八宿。上挂香球一个,按上方破军星。上挂绣锦头绳两条,一条长,一条短,长者按大月三十日,短者按小月二十九日。

从写法来看,基本反映了上述所有说词(即致语)的大概。前二种,有类前引宋代《剑舞》"竹竿子"和《武林旧事》"圣节"条参军色所念致语,而后一种,则有所变化。

纵观山西明清社赛演出中的全部说词,创作年代早晚不一,有的是宋代致语的遗留,有的则为元代新创,如《赛场古赞》所收《细乐》和《护法伽蓝》。更多的似为明清时代所撰。从内容看,题材广泛,既有宋代祝颂庆贺之词,也有颂山颂水、敬神咏物,甚至讲述古代人物故事的。从语言来看,文辞有雅有俗。有的继承宋代致语的典雅风范,有的根据所讲述内容而口语化。语句除骈词俪语外,还出现四言体,如《诗赞三首》;五言体,如《说鹤》;六言体,如《南极寿星诗》;七言体,如《讲混沌》;十言体,如《十字八仙赞》;杂言体,如《分戏竹》等。有的句式整齐,有的长短参差,有的纯为文言,有的偏用口语,还有散骈混杂的。总之,从内容和形式考察,致语从两宋到明清,已逐渐由祝颂典雅向世俗娱乐方向发展。

四

在第一部分,我们谈到参军色诵念致语是在宫廷宴集供盏献艺时进行的,那么,民间是否也有供盏献艺,参军色是否也出现其中呢?过去似乎未有人探索。笔者检阅《梦粱录》卷一"八日祠山圣诞"条,发现南宋京城临安钱塘门外霍山路有祠山之庙,祖庙在广德军(北宋太平兴国四年置,即今安徽省广德、郎溪县),每年农历正月十一有祭祀崇仁真君之举。"其日都城内外,诣庙献送繁盛","献贡不俗,各以彩旗、鼓吹、妓乐、舞队等社……效京师故体……并呈于露台之上","庙中有衙前乐、教乐所人员领诸色乐部,诣殿作乐呈献。命大官排食果二十四盏,各盏呈艺。"②请注意,这里的祭祀有衙前乐、教乐所诸色乐部参加,自然应有参军色。而祭祀时供"排食果二十四盏,各盏呈艺",又与《东京梦华录》卷之九"宰执亲王宗室百官入内上寿"条、《梦粱录》卷三"宰执亲王南班百官入内上寿赐宴"条和《武林旧事》卷第一"圣节"条所记供盏献艺略同,说明民间祀神献艺与宫廷献艺类似,很可能有参军色参与。山西潞城《周乐星图》、长子《唐乐星图》等祭祀程序抄本,记载明清时期民间祀神确有供盏献艺仪式,并有前行说词,恰好印证了上述看法。现举《周乐星图》祭祀二十八宿之一"角木蛟"仪式为例:

前行说《三元戏竹》;

第一盏,《长寿歌》曲子。补空,《天净沙》《乐三台》;

第二盏,靠乐歌唱。补空,《大清歌》;

第三盏,温习《曲破》。补空,再撞再杀;

第四盏,《尉迟洗马》。补空,《五虎下西川》;

第五盏,《天仙送子》。补空,《敬德战八将》;

第六盏,《周氏拜月》。补空,《尉迟赏军》;

第七盏,合唱。补空,收队;

正队《大会垓》;

院本《土地堂》;

杂剧《长坂坡》。

其他二十七宿祭祀仪式类此,只是前行所说致语不同,其后所演乐舞杂戏不一。

这种祀神供盏献艺前行诵念说词之风,在山西东南部和河北南部地区神庙祭祀中至今仍然存在。笔者曾考察山西省潞城县南贾村碧霞元君赛祭和河北省武安县固义村"捉黄鬼"傩祭,均发现在祭祀演出中有"前行"和"长(掌)竹"大量致语说词,现略述如下。

山西省潞城县南贾村碧霞宫(俗称奶奶庙)建于元代以前,自古以来,该庙每年农历四月初三至初五举行迎神赛社,祀神三天,分头场、正赛、末场祭祀,有多种仪式礼规,颇为繁复,此处不

能一一叙及,兹举有关前行说词部分略述。如正赛迎寿安寿八
仙表演节次,有寿场开说八仙,舞寒山(表演寒山、拾得故事),
猿猴脱壳(一种队戏表演),排八仙,唱八仙队子(即队戏),启
寿,安寿:钟馗镇宅等。开说八仙、排八仙,均由前行诵念。前行
装扮为:头戴黑色官帽(即展脚幞头),挂长髯,身穿红色蟒袍,
足蹬皂靴,手执长竹竿,竿头分岔,显然是宋代参军色的遗留。
其"排八仙"说词为:

> 于混沌初分天地,盘古王为君治世。且莫说外国他邦,
> 只表咱中原之地。按四季报答神明,累岁的庆贺天地。今
> 日是广阳大赛,扮的是八仙队戏。众神仙一起排开,听前行
> 开说仔细。汉钟离秦朝将军,修行在终南山内。吕洞宾唐
> 朝秀士,岳阳楼三醒三醉。韩湘子花篮神仙,他也把蓝关雪
> 堆。张果老驴驮书生,赵州桥压个粉碎。张四郎沽酒为生,
> 铁笛响神仙聚会。曹国舅弃职辞朝,身不恋荣华富贵。铁
> 拐李借尸还魂,两处抛家缘家计。蓝采和乐中班头,汴梁城
> 许家末泥。今日是星尊诞辰,跟定了长生大帝。享赛罢增
> 福添寿,合家人增加百岁。当今天子福厚,万里江山依旧。
> 终南山永出松柏,显神通八仙庆寿。③

接着在庙内香亭前表演队戏《八仙庆寿》。又如安寿演出
《钟馗镇宅》,先由前行诵念说词:"钟馗进门来,进喜又进财。
推出凶煞神,迎进喜神来。"然后钟馗舞跳表演。在其他祭祀仪
式中,前行也有致语说词,如祭太阳和祭太阴(月亮)仪式,主礼
念完祭太阳文和祭太阴文后,前行接念说词《跑太阳》和《跑太
阴》("跑"又作"刨"或"抛")。《跑太阳》说词为:"自从盘古立

三皇,金乌玉兔月中王。清晨执盏朝东跑,万道霞光捧太阳。"
《跑太阴》说词为:"自从盘古立初分,剖开天地正人伦。清晨执
盏朝西跑,万道霞光捧太阴。"其他说词多种,难以一一列举。

河北省武安县固义村的"捉黄鬼"是傩赛结合的祭祀,主祀
的神祇为白眉三郎,其他神灵参祀,有请神、祭神、送神、镇宅、过
厨等仪式,并有队戏、脸戏等表演,其中驱傩逐疫的"捉黄鬼"最
为突出。在祭祀仪式和队戏表演中,均有"掌竹"参与。"掌竹"
戴小王帽,净脸,穿红色宽衫,彩裤,薄靴,左手贴身竖握一竹竿,
长二尺,鸡蛋般粗细,上半截劈成约三十根细篾,用红绸束住。
此形象亦为宋代参军色之遗留,"掌竹"在祭祀仪式中都有吟诵
词,如"请神"时吟诵:

> 面如漆黑如锅底,英雄叱咤人难比。阴曹地府管牢笼,
> 敕封一尊开路鬼。盖世间管恶赏善,死后来查考文卷。管
> 人间六道轮回,敕封为古城鬼判。十字街头盖下庙,五方恶
> 鬼都来到。金殿也曾斩表(?)神,敕封一尊金五道。韩文公
> 珍珠密系,黄丝绦腰中紧结。因为他正直无私,敕封为本村
> 土地。汤阴县祖业坟地,打铜锣不造兵器。因为他正直无
> 私,敕封为四个太尉。四神不离太阳星,化如天边走如风。
> 一年四季他总管,年月日时四值神。在世间治国安邦,死后
> 来入庙升堂。因为他正值无私,敕封为本县城隍。昨日天
> 边降值神,马蹄踏碎四方云,前有小鬼来引路,后有判官紧
> 随跟。土地五道值神司,本县城隍来请神。祥云霭霭空中
> 转,鲜茶果品神前献。奏一曲箫韶美乐。请哩尊神登
> 宝殿。㉞

在队戏表演前,"掌竹"也有致语,如《大头和尚戏柳翠》开场前"掌竹"致语:"今朝有酒今朝醉,东街倒到西街内。若问队戏名和姓,《大头和尚戏柳翠》。"又如《十棒鼓》开场吟念:"张飞上阵甚是儒,不打铜锣不擂鼓。若问队戏名和姓,今日打个《十棒鼓》。"《捉黄鬼》表演后,阎王判处黄鬼(忤逆子的象征)死刑,开膛抽肠,"掌竹"吟诵:"劝世人父母莫欺,休忘了生尔根基。倘若是忤逆不孝,十殿君难饶于你。命二鬼绳拴索绑,到南台抽肠剥皮。善恶到头总有报,为人何不敬爹娘?若知队戏名和姓,《十殿阎君大抽肠》。"至于《吊掠马》《点鬼兵》《吊黑虎》等剧,"掌竹"除念诵开场词外,还解释剧情,所述人物动作则由上场其他角色表演。于此可见,宋代参军色及其致语在后世民间祭祀活动和演出仍然存在。

综上所述,参军色在中国伎艺演出史上具有重要地位,它在宋代宫廷宴集供盏献艺中出现,延续千年,至今仍在北方农村宗教祭祀活动中留存。参军色念诵的致语,也历明清而至现代,存活于民间,形式虽经变异,但传承如缕。这种现象应引起治戏曲史者的重视。它还给我们以启示:在探索古代戏曲发展时,应注意当今民间戏曲,特别是宗教祭祀戏剧的演出,它或许能为解决戏曲史研究中存在的疑难问题提供若干资料和证据,而获得比较满意的解答。

（此文发表于《文艺研究》,2000 年第 2 期）

注释：

① 见《都城纪胜》,中国商业出版社,1982 年版,第 9 页。

② 见《梦粱录》,中国商业出版社,1982 年版,第 176 页。

③ 见《宋史》第 10 册,中华书局,1976 年版,第 3347 页。

④ 见《宋史》第 10 册,中华书局,1976 年版,第 3360 页。

⑤ 见《宋史》第 10 册,中华书局,1976 年版,第 3339—33618 页。

⑥ 见《东京梦华录》,中国商业出版社,1982 年版,第 60 页。

⑦ 见《梦粱录》,中国商业出版社,1982 年版,第 5 页。

⑧ 见《武林旧事》,中国商业出版社,1982 年版,第 19 页。

⑨ 见《东京梦华录》,中国商业出版社,1982 年版,第 45 页。

⑩ 见《武林旧事》,中国商业出版社,1982 年版,第 16 页。

⑪ 见《武林旧事》,中国商业出版社,1982 年版,第 154 页。

⑫ 见《武林旧事》,中国商业出版社,1982 年版,第 11 页。

⑬ 分别见《梦粱录》,中国商业出版社,1982 年版,第 5 页。

⑭ 见《梦粱录》,中国商业出版社,1982 年版,第 38 页。

⑮ 见《武林旧事》,中国商业出版社,1982 年版,第 29 页。

⑯ 见《武林旧事》,中国商业出版社,1982 年版,第 18 页。

⑰ 见《东京梦华录》,中国商业出版社,1982 年版,第 31 页。

⑱ 均见《都城纪胜》,中国商业出版社,1982 年版,第 9 页。

⑲ 见《梦粱录》,中国商业出版社,1982 年版,第 176 页。

⑳ 见《宋史》第 10 册,中华书局,1976 年版,第 3358。

㉑ 见《梦粱录》,中国商业出版社,1982 年版,第 174 页。

㉒ 见《宋史》第 10 册,中华书局,1976 年版,第 3348 页。

㉓ 见《东京梦华录》,中国商业出版社,1982 年版,第 47 页。

㉔ 转引自《中国曲学大辞典》"作语"条解释,浙江教育出版社,1997 年版,"曲源"第 36 页。

㉕ 见《中国戏曲通史》上册,中国戏剧出版社,1980 年版,第 63 页。

㉖ 见《武林旧事》,中国商业出版社,1982 年版页 19、页 16、页 154、页 11、页 29、页 18、第 155 页。

㉗ 见《武林旧事》,中国商业出版社,1982 年版第 155 页。

㉘《中华戏曲》第 3 辑全文刊载,山西人民出版社,1987 年。

㉙《中华戏曲》第13辑全文刊载,山西古籍出版社,1993年。

㉚《中华戏曲》第11辑全文刊载,山西人民出版社,1991年。

㉛见山西师范大学戏曲文物研究所所藏抄本复印件。

㉜见《梦粱录》,中国商业出版社,1982年版,页6。

㉝见山西师范大学戏曲文物研究所所藏抄本复印件。

㉞见《中华戏曲》第21辑,杜学德《固义大型傩戏"捉黄鬼"中的长(掌)竹》引文。

试论中国戏剧表演的多样性

黄竹三

中国的传统戏剧,亦即戏曲,其源远流长,种类繁多,据不完全统计,至今仍活跃于剧坛上的剧种就有数百种之多。从它们的演出目的、演出形态、流传地域来看,似乎可以区分为两大类型、两大体系,即盛演于城乡舞台上的观赏性戏剧(包括传统的戏剧样式如杂剧、南戏、传奇和各种地方戏)和植根于民间底层祭祀民俗活动中的原生态戏剧(或称祭祀戏剧、仪式剧,包括赛戏、傩戏和目连戏等)。以往学术界所揭示的中国戏曲娱乐人群、高台教化、具有写意性、综合性和以行当演人物等特点,其实只能概括观赏性戏剧一类,而未能涵盖原生态戏剧,对此,笔者曾著文予以说明。①那么,能概括全部中国戏剧的特点是什么呢? 如果将两大类型戏剧的内容和表演作深入比较的话,我们似乎看到它们有一个共同之处,那就是都具有"杂"的特点,亦即具有明显的兼容性,或者说是多样性。

从某种意义上说,戏剧范畴以外的中国表演艺术大都具有多样性,从秦汉时的百戏杂陈,到今天的综艺表演,各种艺术无不是形式多样、相互兼容、彼此杂处的。就戏剧范畴以内来说，西洋"歌剧"的美学特点是"众声交杂"，同样也有"兼容多样"的意思。本文所说的多样性，不是一般地说中国戏剧的内容和形式多种多样，而是指它的表演错杂斑驳，诸艺杂陈；诸体杂用，形态各异；构成戏剧的各种艺术因素融合程度不一；艺术手段运用，多寡有别；演出场所或固定，或流动，时而分离，时而连接。与一般的技艺表演不同，中国戏剧的多样性、"诸艺杂陈"，是与故事表演紧相联系的。与西洋歌剧不同，中国戏剧的多样性、"诸艺杂陈"，不仅表现在演唱方面，而且扩展到表演形态、艺术手段和演出场所诸层面。

为什么中国戏剧表演具有多样性、"诸艺杂陈"呢？笔者认为可能有以下几方面的原因。一是中国戏剧的起源是多元的，既可从祭祀活动衍变而成，也可从百戏、歌舞、说唱发展导致，它的渊源本身就是多样的。在它的孕育时期，构成戏曲的各种艺术因素开始融合，但又未能融合为一，于是出现泛戏剧形态。而泛戏剧形态有的偏重歌舞、有的偏重说白、有的偏重假面装扮，它们常常杂处演出。戏曲形成时，继承泛戏剧形态的状况，宋杂剧和金院本的表演也有多种类型，成熟程度不一。古代戏剧的这种"杂"而"兼容"的历史渊源，必然导致后世戏剧在表演形态、艺术手段和表演场所方面出现驳杂多样。其次，戏剧是反映生活的，生活本身就丰富多彩，而艺人个性不同，擅长的技艺不一，他们在表现生活时，采用的方法、手段、形式不可能一样，加之戏剧演出有不同目的，表演于不同地域，受风俗、民情、审美情趣的影响，以及各地演出时客观环境提供的条件优劣不一，这样,戏剧表演的形态、采用的艺术手段和表演的场所,当然也会多种多样。

下面,笔者不揣浅陋,试从中国戏剧的表演形态、使用的艺术手段、演出场所等方面述说其多样性与"诸艺杂陈",以就教于方家。

一

我们先来看中国戏剧的表演形态。

所谓表演形态,一般而言,是指某一种艺术或戏剧是怎样演出的。从广义上说,是指这些艺术是如何表现生活,表演者是直接述说事件和人物,即用叙述的方法,还是表演者装扮为故事中的人物,以展现事件,即用代言的方法。从狭义角度上说,是指这些戏剧是为了什么目的而演出;在什么场所演出;用什么形式演出,使用什么语言、声腔、伴奏、服饰、布景、道具;表演者如何化为剧中人物,是直接装扮剧中人,还是先概括成人物类型(即脚色行当),然后才用以装扮剧中人物? 这些演出形态都能显示戏剧的特质。

不同的戏剧类型、戏剧体系,其表演形态不同,显示出戏剧的成熟程度有别。相比较而言,观赏性戏剧的表演形态较为成熟、完善,而原生态戏剧的表演形态则较简单、初级,不那么完善。

拿观赏性戏剧来说,它们虽然都较为成熟、完善,都在城乡舞台上演出,都具有娱乐人群、写意性(以超时空观念反映生活)、综合性(综合了唱、念、做、打等艺术手段)和以行当演人物等特点，但具体到不同的戏剧样式，它们的表演形态也是有差异的。同样是以歌舞演故事，不同戏剧样式，所"歌"者大不一样，即所用唱腔和伴奏音乐不同。杂剧用北曲，南戏用南曲，传奇则南北曲合套，它们都是曲牌联套体。地方戏则多为板腔变化体，又因剧种不同，流传地域不一，声腔、板式五花八门。

不同的戏剧样式，不仅用曲不同，而且脚色行当的划分也异。杂剧分末、旦、净、杂四大类（各类还可细分），南戏则分生、旦、净、末、丑、外、贴七种，而传奇则有"江湖十二色"，至于地方戏，不同剧种所分行当多少、详略更不一样。

更重要的是，不同的戏剧样式，其戏剧结构也有区别。杂剧的戏剧结构是一本四折加楔子，剧情单线发展；南戏、传奇则分出，而出数不限，先是"副末开场"，然后剧中人物登场表演，剧情双线发展，最后生、旦当场团圆；而地方戏戏剧结构不一，种类繁多，大剧种和地方小戏人物安置、剧情进展、表演风貌也迥然不同。从以上的述说中，我们可以看出观赏性戏剧的表演形态是多种多样的。

下面来看原生态戏剧。前面我们说过，原生态戏剧亦称祭祀戏剧、仪式剧，是指植根于民间底层祭祀民俗活动中的戏剧，包括赛戏、傩戏和目连戏等。它们与观赏性戏剧最大的不同，是其演出要依附于当地的迎神赛社活动，是祀神民俗的一个必不可少的重要组成部分。有祭祀，必定有祭祀戏剧或仪式剧演出，而祭祀戏剧和仪式剧的演出，完全是为了敬神、酬神的需要。演出的目的就是为了娱神，当然，在娱神的同时，也娱乐了参加祭祀活动的信民。因为演出主要是为了供神灵享用，因此演出仪式、程序、剧目内容、甚至表演程序必然有严格的规定性,而且代代相传,一般不多改易,从而具有明显的传承性。由于祭祀民俗仪式的规定性与传承性,使在这种环境表演的戏剧更多保留最初演出时的形态,而不可能在艺术上有太多的改进,是以演出形态比较简单、粗糙,带有更多的原生态特征。这些祭祀戏剧或仪式剧的演出,还有一个特点,这就是一般不脱离当地祭祀民俗活动的环境,到祭祀场所之外的其他地方去单独演出,也一般不作商业性的上演(调演或为宣传、介绍的需要而外出表演者除外)。这和观赏性戏剧演出的商业性、娱乐性需求是不同的。

原生态戏剧比之于观赏性戏剧,其成熟与完善程度有明显差异,有的比较接近成熟的戏剧,有的却还处于初级阶段,甚或只属泛戏剧形态。比如贵州安顺的地戏,它在明代初年从江南传入,每年正月和七月中旬在屯堡(乡民的居住地)神庙前平地演出,以驱邪逐疫。后来神庙毁坏,存留无几,演出大半在可得的空地进行,周围插上红色的帅旗,以表示"神圣的空间"。地戏有歌有舞,有吟有唱,有些演出已分生、旦、净、丑诸脚色行当,以假面装扮剧中人物,剧目为朝代大戏,计有"跳封神""跳列国""跳三国""跳说唐""跳征东""跳征西""跳平南""跳杨家将"等,故事情节复杂,显然已接近成熟的戏剧。但有些演出还不分脚色行当,剧本还是用说唱的本子,仍属初期的戏剧。因为地戏在空地演出,观众站在坪地周围的高处观看,因而面具戴在表演者额上。而贵州的傩堂戏,则在堂屋表演,因为观众就在堂屋前观看,所以艺人的假面戴在脸上。又如广西南宁等地的师公戏,亦由"傩"发展而来,傩是古代驱鬼逐疫的活动,主持者戴面具,边歌边舞,请神驱鬼,祈福消灾,后来向娱乐方面演变,成为师公戏。它分文坛武坛,演出时有舞蹈、唱腔、音乐伴奏和锣鼓经,也有脚色行当,计有生、旦、净、丑四行,其中生行又有老生、文生、武生之分,旦行分文旦、武旦。人物装扮初期戴假面,后用脸谱取代面具,这也是接近成熟戏剧的表演形态。

原生态戏剧中更多的是未臻成熟的表演。如安徽贵池的傩戏,从演出的内容看,它有两大类,一类是以舞蹈为主的小戏,用于娱神。如《舞伞》,是只有十几个动作的简单舞蹈,未有故事情节。又如《打赤鸟》,一人举鸟的模型,作高低飞翔状,一人持弹弓,作追鸟射弹状,边舞边唱。应该说,这只是带有一些戏剧因素的表演。另一类是大戏,如《孟姜女寻夫》《花关索》等,但这些大戏在人物介绍、环境描写、情节发展等方面,多采用第三人称说表的方式,类似词话,显然处于从说唱文学向戏剧过渡的阶段中。当然,随着时代的发展,贵池傩戏后来也出现一些比较成熟的剧本。

山西省曲沃县任庄的扇鼓傩戏,也是一种初级的戏剧形态。自古以来,任庄村每年农历正月十四至十六日,都要举行扇鼓傩祭活动,它经过"议定""摆坛""祀神""收灾"等仪式后,进入"献艺"阶段,演出《吹风》《打仓》《攀道》《猜谜》《采桑》和《坐后土》等节目。《吹风》《打仓》《攀道》都是对口说唱,《猜谜》就是猜谜语,不能算作戏剧。《坐后土》《采桑》,则略具戏剧雏形。以《坐后土》为例,其表演内容是,后土娘娘有五个儿子,千秋华诞之日,命侍者王成通知他们前来朝贺。占有春、夏、秋、冬四季的四个儿子遵命前往祝寿,五子因无"江山日期",不愿前去。

后土娘娘得知,便从四子掌管的四季中每季抽出 18 天,共 72 天,组成"土王日",归五子掌管,矛盾得到解决。演出就在傩祭八卦坛内进行,由神家装扮的后土娘娘端坐在八卦坛主坛旁的高台上,侍者王成分别到东南西北各坛召唤五个神家(即五子)前去朝贺。四子遵命前往,各绕坛一周、二周或三周,来到后土娘娘驾前站立,五子最后才到,角色之间各有台词。从总体看,已有人物装扮、矛盾冲突和故事情节,但表演者却仍穿着祭祀者"神家"的服装(头戴红缨凉帽,身穿皂色长袍、红色裤子,外罩翻毛羊皮袄,足登平底布靴,有古代方相氏的影子),并未完全装成剧中人物,而吟诵台词时,一边敲击作为祭祀主乐器的扇鼓(一种扇面羊皮单面鼓),说明这种演出还未完全脱离祭祀活动,正处于祭祀活动向戏剧过渡的阶段中。②而剧中的传令侍者王成,服饰已变,人物装扮更接近成熟的戏剧。

以上事例说明,原生态戏剧的戏剧化程度参差不齐,有的与说唱紧相关联,有的未脱祭祀痕迹,它们的表演形态是错杂斑驳的。

还值得注意的是山西、河北等地的队戏和院本。

"队戏"一词,早在中国戏剧形成初期的宋元时已有典籍记录,③它和小说、影戏等同于御前献演,说明它是雏形戏剧的一种,但如何演出,文献却无记载。《元史·祭祀六》"国俗旧礼"条略记队戏于行进间演出,但语焉不详。④以后各朝各代,队戏再不见诸记录。直到 1985 年,山西省潞城县崇道乡南舍村发现《迎神赛社礼节传簿四十曲宫调》,才知道从明代到清代,上党各地赛祭都有队戏演出。其后,在山西长治、晋城、潞城、长子各市县及河北邯郸、武安等地发现队戏仍有留存,并作为当地祭祀民俗活动中一种戏剧演出。至于山西、河北的队戏与宋金时期记录的队戏是否有关联,目前还未有资料证明,暂且不论。就上党队戏而言,笔者数年前前往潞城等地考察,得知上党祭祀活动中的队戏,分上马队戏(又称走队、流队,于迎请神灵入庙享祭途中演出)、供盏队戏(又称哑队、衬队,赛祭时在神庙正殿前空地献演)和正队戏(祭祀后在神庙戏台上表演)三种。其表演形态下文详说。河北的队戏也与之相类,笔者曾观看过河北省武安市固义村的队戏《调掠马》表演,它先由"掌竹"(即"竹竿子")上场,戴无脚幞头,着圆领绣花红袍,足蹬皂靴,站在台口中央,面对观众,正冠,拂袖,亮相,然后左手贴身持戏竹,吟诵开场词:

一树梨花开满园,旌旗不动搅旗幡。若知太平无司马,太平人贺太平年。少打伤人剑,常磨克己刀。万物凭天理,灾祸自然消。打鱼人手执勾杆,遇樵夫斧押腰间。二人相见到江边,说起了半天寒暄。说不尽古今心肺,且免二字饥寒。你归湖去我归山,劝君把闲事少管。一言未尽,探神来也!

然后走到台口右侧,换用右手持戏竹,侧身面向上场门,勾出探神、关羽等上场。探神戴面具、额子,穿无袖黄衫,着玫瑰色长裤,登平底皂靴。关羽戴头套,身穿绿蟒袍,足登高底皂靴,手持大刀。关羽上场后,作舞,然后登坐台中高桌上,探神在下作敬献金银香束表演,然后下场。这时另一角色颜昭(《三国演义》中颜良之子)上场行刺关羽,关羽与之开打,最后把颜昭打翻在地,用大刀压住其背。此时诸角色静止不动,"掌竹"在台口右侧吟说关羽身世经历,从姓名籍贯,在家乡仗义杀死作恶多端的雄员外出逃,与刘备、张飞桃园结义,说到长沙府战黄忠,颜昭前来行刺事。末尾由"掌竹"念诵作结。剧中角色只演不说,而"掌竹"只说不演,这种说白与表演分离的表演形态,是十分特殊的,说明它是从词话说唱向戏剧过渡的表演。

至于院本,本来是金代的初级戏剧形式,元代以后,杂剧盛行,院本遂至湮没,除陶宗仪《辍耕录》收记690种名目外,只有《水浒传》第51回雷横看"笑乐院本"的一段描述和明代朱有燉杂剧《吕洞宾花月神仙会》中所记《长寿仙献香添寿》院本等零星资料,此外更无存本。20世纪80年代,竟在山西古上党地区重新发现,⑤它也成为当地祭祀民俗活动中的戏剧演出。2006年8月11日到15日,在山西省长治市召开"2006山西长治赛社与乐户文化国际研讨会"期间,潞城县贾村碧霞宫举办赛会,12日头场演出院本《土地堂》,其内容为:秀才、富户与浪子张三结拜为兄弟,张三好赌贪杯,不务正业,老大、老二劝他回头,出题对诗,张三对答不上,声言寻死。秀才和富户把酒食送到当年他们三人结拜为兄弟的土地庙里,让张三吃喝后上吊。张三边上吊边偷吃奠品,却屡吊不死。原来他把上吊的绳子套在胳膊、大腿和后脑勺上。最后张三伸手挺足作"炸尸"状,吓得秀才、富户失魂落魄。表演时有人物装扮,有故事情节,但人物之间,只有吟白,没有歌唱,情节、对话诙谐逗乐,走的完全是金院本"滑稽调谑"的路子,这也是一种不完全成熟的雏形戏剧形态。⑥

综上所述,中国的戏剧,无论是观赏性戏剧还是原生态戏剧,它们的表演形态多种多样,显示出鲜明的"杂"的特点。

二

下面我们来看中国戏剧表演时所使用的艺术手段。

所谓表演艺术手段,是指戏剧在表现生活、搬演故事、塑造艺术形象时所使用的方法。具体地说,是指戏剧表演时综合了哪些艺术因素,这些艺术因素是与剧情发展融合在一起,还是结合得不那么紧密,带有镶嵌的痕迹?表演者在饰扮剧中人物时,是直接装扮,还是先概括成人物类型(即脚色行当),然后才装扮人物?饰扮人物时是涂脸化妆还是假面化妆?不同的戏剧种类、体系,不同的戏剧样式、形态,所使用的艺术手段是不同的,即使是相同的戏剧种类、体系,相同的戏剧形态,使用的艺术手段有时也不完全一样。

我们先看中国戏剧如何融合各种艺术因素。世界各国戏剧,在展示内容时,一般都使用一种主要的艺术手段。歌剧表达剧情用歌唱,舞剧用舞蹈语汇,话剧用对话,哑剧不唱不舞,也没有对话,纯用表情身段动作。这些艺术手段,其实也是构成戏剧的艺术因素。也就是说,它们各自融合的艺术因素是比较单一的。而中国的戏剧,一般都融合更多的艺术因素,即既有歌唱,也有舞蹈,既有说白(包括音乐性的念诵),也有舞蹈化的形体动作,甚至有武术和翻跌的技艺,戏剧界一般称之为"唱、念、做、打",或称为"歌、舞、乐、技"。其实,中国戏剧不完全都融合那么多的艺术因素,而是不同的表演形态融合的艺术因素不一,有多有少。一般而言,观赏性戏剧融合的艺术因素多一些,大部分剧种都有"唱、念、做、打"等艺术因素,并有机地融合。但原生态戏剧则不一样,一些祭祀戏剧缺少构成戏剧的某一种或者多种艺术因素。

　　比如山西南部地区的锣鼓杂戏,就缺少歌唱这一艺术手段。锣鼓杂戏又名铙鼓杂戏,是流传于山西南部临猗、万荣、运城、稷山、河津、新绛、垣曲、夏县等地乡村的一种祀神戏剧,因演出时以锣鼓伴奏而得名。它通常在农历正月十五或神灵诞日,即庙会之期演出。它经过迎神摆道、供馔祭祖、谒庙礼拜、神马圆阵、祭坛斋会后,才在神庙正殿前或庙台上演。杂戏表演时只说不唱,以"吟"为主,间以念白。所谓"吟",就是自然语音略加音乐变化的有节奏的腔调;所谓"念",即通常的说白,其文本表现为,"吟"用韵文,"念"用散文,整个剧本是由一段韵文一段散文连接在一起构成,在表演上,则是吟念交错,文白相间,而每一吟白之后,配以一下锣声。比如《大报仇》开头刘备上场:

　　驾坐成都在西川(咣),文武两班非等闲(咣)。西北黄气数千丈(咣),煌煌如月帝星宣(咣)。祥云吹动珠帘卷(咣),庆云展开玉色鲜(咣)。金钟三响王登殿(咣),满朝文武心胆寒(咣)。寡人姓刘名备(咣),表字玄德(咣),涿州涿县楼桑人氏(咣),中山靖王之后(咣),汉景帝阁下玄孙(咣)……⑦

　　很明显,这是一种诗赞体表演,与一般戏曲的曲牌联套体或板腔变化体不同。缺少歌唱和弦管乐伴奏等艺术手段,使锣鼓杂戏的表演显得原始、粗犷。

　　山西的其他祭祀戏剧如晋北的赛戏、晋东南的队戏、曲沃的扇鼓傩戏等也大都是诗赞体,没有唱腔,而且伴奏只用打击乐,而无管乐和弦乐。晋北的赛戏与此相类,也没有唱腔,只有吟白。不同的是,在"白"中又分出"念",可能"白"是一般的道白,而"念"则是抑扬顿挫的朗诵。试看《取东川》中赵云上场的一段:

赵云(念)领将行兵汉水旁,不见汉升意着忙。高叫三声齐努力,要救黄忠出围场。(白)末将赵云,奉了军师将令,在汉水左右安营迎接汉升,以午时为期。日之夕矣,不见回来,想是汉升有危。(吟)子龙心中自沉吟,领兵出师在汉滨。昨日相约午时期,至今日西无信音。汉升北山烧粮草,定是着困有灾临。高叫众将齐努力,故作冲锋破阵人。⑧

祭祀戏剧音乐伴奏的这些特点,是与它们没有唱腔即缺少歌唱的艺术手段密切相关,甚至可以说是由于它采用了吟诵体表演形式而决定的。而吟诵体戏剧的出现,恐怕是古代戏剧形成过程中,处于综合各种艺术因素时,一部分戏剧表演未能融合歌唱而造成的。而这部分戏剧表演,后来存活于民间底层的祭祀民俗活动中,直到今天,成为原生态戏剧的独特演出形态。

构成中国戏剧的各种艺术因素除了用融合的方法化为戏剧本体之外,还有一种方式是嵌入,亦即戏剧表演时有时插入一些其他的艺术因素,或表演段子。而插入的这些艺术因素和表演段子,却未能与戏剧本体融合为一,带有明显的镶嵌痕迹。这种情况在观赏性戏剧和原生态戏剧中都存在。

在元杂剧和明传奇演出中,常常在正剧表演中间嵌入一些说唱段子,如元杂剧《薛仁贵飞刀对箭》,在第二折张士贵上场时有一段自报家门:

自小从来为军健,四大神州都走遍。当日个将军和我奈相持,不曾打话就征战。我使的是方天画杆戟,那厮使的是双刃剑。两个不曾交过马,把我左臂厢砍了一大片。着我慌忙下的马,荷包里取出针和线。我使双线缝个住,上的马去又征战。那厮使的是大杆刀,我使的是雀画弓带过雕翎箭。两个不曾交过马,把我右臂厢砍了一大片。被我慌忙下的马,荷包里取出针和线。着我使双线缝个住,上的马去又征战。那厮使的是簸箕大小开山斧,我可抡的是双刃剑。我两个不曾交过马,把我连人带马劈两半。被我慌忙跳下马,我荷包里又取出针和线。着我使双线缝个住,上的马去又征战。那里战到数十合,把我浑身上下都缝遍。那个将军不喝彩?那个把我不谈美?说我厮杀全不济,嗨! 道我使的一把儿好针线。⑨

这段谐趣的说白,就是金院本"卒子家门"中的一个段子,叫作《针儿线》。⑩

像这类把宋金时期的谐谑说白整段移入正剧演出中的做法,在元杂剧里常常可以看到。如《降桑椹蔡顺奉母》第三折有一段滑稽逗乐的穿插,描写两个庸医宋了人和胡突虫("送了人"和"糊涂虫"的谐音)到蔡顺家看病,互相斗嘴取笑,这就是《辍耕录》《太和正音谱》和南戏《宦门子弟错立身》都提到的"双斗医"表演。《西厢记》第三本第四折开头有"洁引太医上,双斗医科范了"的舞台提示,说明演出时也有这段喜剧穿插。看来这类逗乐段子在当时杂剧演出中常常被套用,因此只注名目,不再详细描写。又如《黄鹤楼》第二折,"净扮泼禾、旦伴姑儿、正末扮禾"的一段描绘农家生活的喜剧表演,《薛仁贵》第二折"丑扮禾旦"与"正末扮泼禾"的喜剧穿插,显然都是从金院本

"禾下家门"的表演段子里移用过来的。

在明传奇演出中,也常常嵌入逗乐说白、歌舞等表演段子。以汤显祖的《牡丹亭》为例,第八出"劝农",净扮田夫,丑扮牧童,旦、老旦扮桑妇,另一老旦与丑扮茶姬,他们上场分别歌唱,所唱曲子都是当时的民歌,这就是嵌入歌舞段子。第十七出"道观",净扮石道姑上场的一段自白,套用《千字文》自述经历和自嘲生理缺陷、婚姻遭遇,便是嵌入逗乐说白。第二十三出"冥判",胡判官审问花神,引出花色三十几种,分别述说,其实也是一种说白艺术嵌入,作为正剧表演的一种穿插,用以调剂剧场气氛。又如陈与郊的《樱桃梦》,第十二出《访道》嵌入一段道尼的诨戏。此外周朝俊的《红梅记》"救裴"一出,刺客在后花园追杀裴禹,李慧娘鬼魂掩护裴生,表演了喷火特技,这是杂技嵌入戏剧表演的典型例子。

地方戏演出,也时有各类技艺的嵌入。如《白蛇传》中的"水漫金山",白素贞率领水族与法海召来的天兵天将战斗,就是一场武术表演,而其中的"打出手",更是特技的显示。这些武打与特技,我们都可在其他武打戏中看到,显然是武术技艺的嵌入。

原生态戏剧中也不乏技艺的嵌入。比如福建泉州的打城戏,它除了表现佛教和道教的内容外,艺术上特别注重展示跳跃和武打杂技,如打剪、虎跳、舞旗、单杠、叠罗汉、过火圈、空中飞童、舞钹等,这些技艺,都是生活中武术、杂技、魔术,嵌入戏剧表演中,有时与剧情并无太大关系。

中国的戏剧演出,不仅可以嵌入各种艺术因素、各种技艺表演段子,而且还可以嵌入一些较完整的戏剧表演场面,亦即戏中套戏。像明代朱有燉杂剧《吕洞宾花月神仙会》,演出时嵌入院本《长寿仙献香添寿》;另一个杂剧《福禄寿仙宫庆会》中,嵌入傩神沿门逐疫的仪式和钟馗到唐朝宫廷"荡邪涤珍"的表演。陈与郊的传奇《鹦鹉洲》,在第六出《会戏》中插入宋金杂剧《傀儡梦》;另一传奇《麒麟罽》,在第十七出《笑谈开释》中嵌入陈与郊自己创作的杂剧《昭君出塞》;而他的另一个杂剧《袁氏义犬》,又嵌入王衡的杂剧《没奈何》。这都是戏中套戏。

目连戏中,除表演目连救母主干故事外,还常常嵌入许多"花目连",即本事以外的戏剧表演。如明代郑之珍《目连救母劝善戏文》中嵌入"哑子背疯""僧道化缘""匠人争席""尼姑下山""和尚下山""雷打十恶"等生活小戏;清代张照连台本目连戏《劝善金科》中,嵌入的李希烈、朱泚作乱,颜真卿殉节,丑奴兴兵反唐等历史故事和"尼姑思凡""王婆骂鸡""海氏悬梁""许三殴父""肖氏骂婆""攀丹桂"等生活故事;湖南辰河腔目连戏中,嵌入《梁传》和《香山记》;浙江绍兴目连戏嵌入"弄蛇""嫖院""打墙""发牌""交租""茶坊"等生活小戏和喜剧穿插。四川绵阳目连戏演出中嵌入"老汉背妻"(即《目连救母劝善戏文》中的"哑子背疯")喜剧表演。

融合和嵌入数量不同艺术因素、表演段子,甚至完整的戏剧场面,这都可以说明中国戏剧表演艺术手段的多样性。

中国戏剧表演艺术手段的多样性还表现在如何饰扮剧中人物方面。表演者如何化为剧中人物,是直接装扮剧中人?还是先概括成人物类型(即脚色行当),然后才用以装扮剧中人物?

以往有学者认为,西方的戏剧是演员直接装扮剧中角色,而中国的传统戏曲则是根据剧中人物不同的性别、年龄、身份、性格、气质以及在剧中的地位等因素而规约为若干基本类型,不同类型在装扮和表演上各有规范和风格特征,这种类型划分便是脚色行当,演员必须根据自身的条件,学习不同脚色行当的表演手段,归入某一行当,然后再来扮演剧中人物。自唐参军戏、宋杂剧始,历经宋元南戏、元杂剧、明清传奇,到今天的各种地方戏,莫不以行当扮演人物。

其实,中国戏剧饰扮剧中人物,并不完全是必须通过行当扮演,也有不通过脚色行当的,特别是原生态戏剧。比如山西的锣鼓杂戏,其人物装扮就未形成脚色行当体制,它的演出从来没有职业班社,演员都是面朝黄土背朝天的农民,他们没有生、旦、净、末、丑的行当概念,演薛仁贵的就叫薛仁贵,演赵匡胤的就叫赵匡胤,均以剧中人物的名字出现。反映在剧本中,某一人物上场,就在舞台提示上直书某某上,如临猗县高家垛村所藏《忠保国》,其剧本开头舞台提示为:〔忠良太监与娘娘同上,良曰〕。《天井关》一剧开头,舞台提示标为:〔刘崇上〕。它不像元杂剧那样,舞台提示标明某一人物为某脚色行当扮演,如关汉卿《窦娥冤》第三折:〔外扮监斩官上,云〕。也不像南戏那样,不标人物姓名,而直书人物所属脚色行当,如南戏《琵琶记·糟糠自厌》赵五娘上场,舞台提示标为:〔旦上,唱〕。锣鼓杂戏的演出,不仅没有脚色行当,而且剧中人物必须由固定的村民装扮,从不改易,而且父死子继。如演三国戏,装扮关羽者其子仍演关羽,装扮张飞者其子仍演张飞,不能互串,可以说是演出装扮世袭制。如果装扮剧中某一人物的村民死后无子,或其子无意袭演,则由村民公议,另定他人继演。这种装扮体制带有浓厚的原始色彩。山西其他的祭祀戏剧如赛戏和队戏,贵州的地戏等,也与锣鼓杂戏相类,不用脚色行当。

这种不通过脚色行当而直接饰扮剧中人物的方法,源于中国戏曲形成的宋金时期。宋代的祭祀活动和民间、宫廷的演出,都有人物装扮,但它不通过脚色行当,而是直接扮演人物。如宋孟元老《东京梦华录》卷十"除夕"条所载:

至除日,禁中呈大傩仪,并用皇城亲事官。诸班值戴假面,绣画色衣,执金枪龙旗。教坊使孟景初身品魁伟,贯全副金镀铜甲装将军。用镇殿将军二人,亦介胄,装门神。教坊南河炭丑恶魁肥,装判官。又装钟馗、小妹、土地、灶神之类,共千余人。[11]

这里看不出有使用行当的痕迹。至于"三月一日宝津楼前诸军呈百戏",其装扮"爆仗""抱锣""硬鬼""舞判""七圣刀""歇帐""抹跄""板落"等,艺人也都是直接装扮神怪人物。[12]原生态戏剧艺人直接装扮剧中人物,无疑是承传这一传统。

饰扮人物还有一个如何化妆的问题。艺人在装扮剧中人物时,往往有两种方法,一是涂面化妆,即用颜色涂抹面部以改变五官的结构或色彩;二是假面装扮,即用面具遮蔽自己本来的面目,以表现真面或涂面所不能表现的面容。

中国历史上的各种技艺表演,其化妆方式有涂面化妆和假面化妆两种,中国戏剧的化妆,也采用了这两种方法。

涂面化妆又分俊扮和丑扮两类。俊扮是在艺人饰扮剧中人物时,面部涂抹粉彩,予以美化,戏曲中的生、旦行当,其化妆一般采用俊扮。丑扮则是艺人面部勾画各种图案,涂抹各种色彩,形成脸谱,戏曲中的净、丑行当,其化妆一般采用丑扮。

假面化妆即戴面具,祭祀戏剧饰扮神灵鬼怪,一般都用假面化妆。如山西省寿阳县韩沟村的"爱社"(俗称"耍鬼")乃一傩舞表演,村民头戴假面,装扮大鬼和二鬼等。又如河北省武安市固义村的脸戏,也是由装扮者头戴假面以装扮神灵,后来饰扮历史和现实生活中的人,也都戴假面。上面我们说过的广西师公戏,也是戴假面的傩戏表演。

这种状况导致学术界有人认为,观赏性戏剧都采用涂面化妆,原生态戏剧都采用假面化妆。其实情况不完全是那样,观赏性戏剧有时也用假面化妆。北杂剧、南戏、传奇和各种地方戏,演出时部分角色如神佛鬼怪,其化装亦需戴假面。明代朱权《太和正音谱》把杂剧分为十二科,称神佛杂剧为"神头鬼面",可见早期杂剧在舞台上装神扮鬼,多戴面具。清代赵翼《檐曝杂记》载,清代宫廷演连台本戏,其中有神怪类,"有时神鬼皆集,面具千百。"这都证明杂剧、传奇演出有时是用假面的。地方戏也如是,山西南部的蒲剧,在 20 世纪 50 年代以前,每次正式演出,先演《跳加官》,扮演者必戴面具。流行于河南北部、山东西南部的大平调,它在正戏演出前,也都要先唱神戏,演员头戴假面,手拿"天官赐福""当朝一品"等字样的幅轴展示,并有封官、拜堂表演。表演《八仙庆寿》,装扮八仙人物,也用假面。川剧的变脸,其实也是假面,只不过它用较薄的布或丝绸制成,层数较多而已。

而祭祀戏剧也不完全采用假面化妆,其饰扮人物有时并不戴面具。比如山西曲沃的扇鼓傩戏,表演者"十二神家"均为素面。锣鼓杂戏表演,也没有假面。广西南宁等地的师公戏,其饰扮剧中人物,开始使用假面化妆,后来改用涂面化妆。还有一种化妆方式是假面与涂面结合,如河北省武安市固义村的《捉黄鬼》,其中"跳鬼"的化妆是先用黑布蒙面(假面的一种特殊形态),然后在黑布上绘出脸部五官,这种化妆方式是极其独特的。

从饰扮剧中人物角度,同样可以看出,中国戏剧表演的艺术手段是"诸艺杂陈"、多种多样的。

三

我们再来看中国戏剧的演出场所。

一切表演艺术,其演出都需要有一定的空间,亦即演出场所,戏剧也不例外。中国戏剧的演出场所,大致可分为固定性的和流动性的两种。

先说固定性的演出场所。

早在戏剧孕育时期,构成戏剧的各种艺术因素已经分别在不同场所演出。早期的演出场所多在旷野、祭坛、空地、广场,[13]后来发展到进入室内,即朝廷或官宦人家的宫室、殿堂。[14]戏曲形成时期,其演出场所有划地作场、露台、舞亭、乐楼等。[15]划地作场,沿于前一阶段各种技艺在空地、广场的演出,表演者与观众处于同一平地上,而以一定距离将二者分开,艺人在所划圈中表演,观众在圈外观看。至今湖南花垣土家族原始戏剧"茅古斯"演出,仍保留划地作场的传统。露台,原是秦汉时期供观天象用的高台,后来用于祀神献艺,宋代以后,用以陈伎张乐,艺人在高出地面的台上表演,观众在台下观看,表演者与观众不在同一平地上,解决了平地演出观众观看视线受阻的问题。舞亭、乐楼,则是在露台上搭建楼亭状的建筑物,艺人在舞亭、乐楼上演出,解决了露台演出受风雨影响的困难,但因为舞亭、乐楼上有顶盖,使部分技艺如顶橦、爬杆等不能演出,导致戏剧从百戏中分离出来。

戏曲成熟时期,演出场所有勾栏、乐棚、神庙戏台、堂会、戏园等。[16]"勾栏"一词,最早指互相勾连的栏杆,后来又指用这种栏杆区分表演区和观赏区的演出场所,再后来则专指宋元时期瓦肆中各种技艺(包括戏曲)演出的乐棚。神庙戏台,是指元明清时期乡村神庙中建造的戏台,它由戏剧形成时期的舞亭、乐楼发展而成。神庙戏台用于酬神,它位于神庙正殿的对面,与正殿处于同一中轴线上,正殿一般坐北面南,而戏台则坐南面北。正殿与戏台之间,有一块空地,艺人在戏台上向正殿神灵献演,而观众则在正殿与戏台之间的空地上观看。酬神同时娱人,这是神庙戏台演出的特点。元明清各代,神庙戏台形制多样,除单体戏台外、后来又衍出连体戏台、并列戏台、对台、鸳鸯台、品字形戏台、二层叠式戏台、过路戏台、过厅戏台和临时搭建的草台等。清代城市中还有一种会馆戏台,则建于会馆庭院中,两侧有廊楼,观众可以在戏台前的庭院和两侧的廊楼观看演出。如庆安会馆戏台

明清两代,在城市,固定的演出场所除一般的神庙戏台、会馆戏台外,还有街市中临时搭建的草台,[17]以及私人宅第中的厅堂。[18]私人宅第演艺,最早可以追溯到先秦时期的殿堂演技,隋唐

五代厅堂演出延续不断,宋元时戏曲形成,私第演艺增加了戏曲,明清两代,私宅戏曲演出盛行,称作"唱堂会",它具有非剧场性和非营业性的特点。而城市中也有营业性的戏剧演出场所,那就是名为酒楼、茶园的戏园。酒馆、茶园中设立戏台,又有供观众观看的座席,于是酒馆、茶园就成为兼卖酒馔、品茶的戏曲剧场。

以上所述,是中国戏剧演出的各种固定场所。但中国的戏剧,并不完全在固定场所演出,还有一些是在非固定的场所表演,亦即流动性的演出。

流动性的演出,早在戏剧孕育时期已经出现,如南北朝时,一些男性艺人扮作"女儿子",于行进间作歌舞表演。《隋书·音乐志》记录当时洛阳的技艺演出:"于端门外,建国门内,绵亘八里,列为戏场……使人皆衣缯采,其歌舞者多为妇人服。"⑲这类乐舞的流动性演出,在演艺文物中也可看到。比如甘肃省敦煌市莫高窟唐代《张义潮夫妇出行图》壁画所描绘的鼓乐,便是在行进中表演。另外,陕西省礼泉县马寨村唐代郑仁泰墓出土的乐舞俑,也有骑马伎在行进中表演的。

流动性演出还有一种是借助器具如车马于行进中表演的,文献中称之为"戏车"。所谓"戏车",是汉代百戏演出形式的一种,用马拉大车行进,而艺人在车上表演各种技艺。关于戏车,汉代典籍多有记载,如张衡《西京赋》载:"尔乃建戏车,树修旃,侲僮程材,上下翩翻,突倒投而跟絓,譬陨绝而复联。百马同辔,骋足并驰;橦木之技,态不可称。弯弓射乎西羌,又顾发乎鲜卑。"⑳汉代李尤《平乐观赋》"戏车高橦,驰骋百马;连翻九仞,

157

离合上下。"㉑晋代陆翙《邺中记》记载戏车表演更为详细："设马车，立木橦其车上，长二丈，橦头安横木，两伎儿各坐一头，或鸟飞，或倒挂。"㉒这种于行进中的马车上橦木进行的表演，在演艺文物中也有发现。如1980年在河南省新野县任营村南出土一块高浮雕戏车画像砖，就刻绘戏车杂技表演。㉓

流动性演出还有一种用假面装扮。假面化妆在古代祭祀活动中常常采用，巫觋头戴假面，装扮成神灵，参与祭祀活动和演出，有时祭祀和演出在行进中进行。如周代傩祭中方相氏驱鬼逐疫。《周礼·夏官·方相氏》记载："方相氏，掌蒙熊皮，黄金四目，玄衣朱裳，执戈扬盾，帅百隶而时傩，以索室逐疫；大丧，先柩，及圹，以戈击四隅，驱方良（魍魉）。"㉔这是说，方相氏身披熊皮，戴着"黄金四目"的狰狞面具，一手执戈，一手扬盾，率领队伍在宫廷的各个角落，奔跑呼叫，驱鬼逐疫。同时，在人们举行丧礼时，又作为开路神在棺椁前先导行进，到葬地后，下到墓室东击西敲，追逐和清除妖魔鬼怪，旨在让死者魂灵得到安宁。

这虽是祭祀仪式，在某种意义上说，也是一种表演，而且是流动性的表演。其后，汉唐时期的傩祭，宋代及元明清各朝的除夕驱傩和祭祀活动，也都有假面装扮并在行进间表演的演出形态。延至近代，这种流动性演出主要存在于祭祀戏剧中，如河北省武安市固义村的《捉黄鬼》，就是这类演出的典型代表。

在冀中平原南部、太行山东麓的武安县（今改为市）固义村，数百年来，元宵节期间一直流传着一种古老而独特的赛祭和傩戏、队戏、脸戏演出。赛祭祭祀的是白眉三郎，相传他为民众做了不少好事，并救死扶伤，死后被封为伏魔大帝。每年腊月初一,村民即将白眉三郎神像迎请到神棚内,待来年正月十四再迎请各路神灵一道虔诚祭祀,并于正月十五献演傩戏、队戏和脸戏。傩戏最重要的是《捉黄鬼》,它表演三个鬼差(大鬼、和跳鬼)奉阎王之命捉黄鬼到阴间审判处斩的故事。黄鬼是疾病灾害、凶邪忤逆的化身,大鬼、二鬼是阴曹地府的差役,跳鬼则是阴曹地府的地方鬼,协助大鬼和二鬼捉拿黄鬼。表演开始,两个探马进入村中道子(观众围成的通道),骑马往返奔驰开道。同时大鬼、二鬼、跳鬼和黄鬼也进入道子,大鬼在前面开路,二鬼在后面驱赶,中间黄鬼弓着身子,哆嗦后退,不愿行进,跳鬼则前后跳动,诱使黄鬼前行。驱赶黄鬼期间,数十乡民(由古代的"侲子"演变而来)高举柳棍,口哨呼啸,道子两侧的村民也大声吆喝、呐喊,形成了极其壮观的全民驱鬼场面。其后,三个鬼差押送黄鬼到村南旷地上搭建的判官台和阎王台前,接受判官和阎王的审判,最终押赴斩鬼台处斩。这种表演,其演出场所不断流动,从村中街巷到村外旷地,有时在路上,有时又在固定的台上,台上台下,固定流动,相互连接,显示了特殊的形态。[25]山西古上党地区的队戏《过五关》,同样也是固定演出和流动演出的联结体。自古以来,山西的东南部长治、晋城、潞城、长子等地每年都举行赛祭,各地赛祭规模大小不一,但都有队戏的献演。而《过五关》则是影响最大、村民热情参加的队戏。以潞城县贾村碧霞宫的大赛为例,它在农历二月二、四月四都举办香火会,四月办赛,一般献演队戏《过五关》《斩华雄》,院本《土地堂》,杂剧《虎牢关》,以及《八仙庆寿》《猿猴脱甲》等。《过五关》在办赛的第三日上午演出,其表演的内容为关云长千里寻兄,过五关斩六将。

演出前,先组织庞大的演出队伍和规模巨大的仪仗队,包括一对飞虎旗、一对川锣、一对抗牌、一对喜灯、全副銮驾三十人、四文臣、八大将、八小军、四班鼓乐30人,另有参加演剧的乐户若干,共计100多人。同时,村民还要买"五关锁"(用制钱和红头绳做成,曾挂在关云长的青龙偃月刀上),给家中小孩带上,以保其长命百岁。演出时,关羽每过一关,或路过一庙前,都要鸣放火铳。同时,关羽需骑红马,甘、糜二夫人必须坐黄马所拉的车。

《过五关》表演形态是:先在办赛神庙外搭一戏棚,作为灞陵桥头;村内村外分搭五个草台(各地演出《过五关》,搭建草台位置不一,一般在该剧演出途经的空地搭建,或利用该村的神庙戏台),作为五关(洛阳关、东岭关、荥阳关、泛水关、黄河渡口)。关羽在办赛神庙戏台(贾村就在村中碧霞宫内的神庙戏台)上演完《挂印封金》后,走下戏台,骑上备好的"赤兔马"(真马),护送甘、糜二夫人(乘真轿车)走出庙门,在戏棚前(灞陵桥头),曹操为其赠袍送行。关羽挑袍后带领兵卒在乐队伴奏下周村游行,曹操兵马于后跟随。每到一关(预先搭好的草台或其他神庙戏台),关羽下马登台,与守关曹营将领厮杀。斩将后走下戏台,再上马与众人行进,被斩之将退出队伍,直到过罢五关、斩去六将之后,再返回原来神庙戏台续演《斩蔡阳》和《古城会》。演出用时大约一个上午,观众为全体村民,他们拥挤于大街小巷,或尾随演出队伍观看,乐户艺人与观众汇成一股人流,浩浩荡荡。这类演出有一特点,所扮剧中人物随时上台下台,并在行进中作各种表演,还可以在途中与村民说笑,甚至拿取街边小贩食物,小贩不以为忤。戏内戏外交叉,介乎现实生活与艺术之间,是一种独特的表演形态。而演剧又与赛社仪式紧密结合,既是村民对戏剧娱人功能的需求,也是民众企望接近、沾染神性以得福祉的内心渴望。与之相类的流动性演出的剧目还有《斩华雄》《鞭打黄瘅鬼》等。㉖

其他地方的祭祀戏剧,同样也有流动性的演出。比如四川梓潼阳戏《钟馗斩鬼》,端公扮演钟馗,降临神坛,捉拿妖孽,并押解鬼怪游街串巷,斩首示众。阳戏还有一个《二郎扫荡》剧目,表演二郎神杨戬接到白鹤童儿送来的牒文,带领哮天犬降落神坛,与参神会首一道到各家驱除疫鬼,然后把鬼物装入神船(一只纸糊的小船)送到小河(或池塘、水田)焚烧。这两个剧目都是把驱傩民俗与演剧糅合在一起,其演出部分在行进中完成。㉗

祭祀戏剧除一般赛戏和傩戏外,还有一类是目连戏,也或有流动性的表演。如福建莆田、仙游演出目连戏《刘氏逃棚》,饰演的刘氏为逃避阎王差来索命的鬼卒捉拿,从台上跑下戏棚,藏匿到台下观众之中,台上鬼卒下棚追赶,一直追到村里各个房舍院落,最后拿住刘氏,押上戏棚,继续表演处斩情节。㉘又如四川丰都的目连戏《捉寒林》,寒林为恶鬼象征,一般由贫穷无业者饰扮。他逃出丰都,藏匿外地,当地仁、义、礼、智、信各字号袍哥派人捉拿,拿获后戏班艺人扮演的"五猖"将他游街示众,最后押上戏台处斩。㉙四川绵阳的目连戏,演出最初在台上,但随着剧情的发展,有些表演移到了台下。如目连迎娶新妇,迎新队伍如同现实生活一样,从另一个村新娘居处游行到婚庆地。而婚庆典礼上,新郎新娘竟与观众同庆,敬献喜酒。这些演出都具有流动性的特点。

于此可见,中国戏剧的演出场所也是多种多样的。

以上,我们从演出形态、艺术手段、演出场所三个方面述说了中国戏剧表演的"诸艺杂陈"和多样性。这些特点,实际上展现了中国戏剧产生、发展的多元性。中国戏剧的形成、发展,有一个渐进过程,它由初级到高级,由简单到复杂,由粗糙到精美,其表演形态也不断变异,艺术手段不断增新,演出场所不断更易。而这些变化,不是后者出现以后即淘汰前者,而是后者出现以后前者仍然存在,二者共生共处,于是出现了"诸艺杂陈""诸体杂用"、艺术手段多寡不一、演出场所多种多样的局面,这正是中国戏曲发展演进的历史遗留。中国戏剧表演的"诸艺杂陈"和多样性,其实也满足了中国民众不同层次的审美需求。观众需要精美的艺术享受,便发展出综合性更强、并具写意性、技艺性的观赏性戏剧,而民间底层祭祀民俗活动的需要,使原生态戏剧仍然存留。艺术手段的丰富或有所欠缺,并不影响不同层次观众的审美需求,流动性的表演,有时还会拉近表演者与观赏者的距离,台上台下表演互换,有时也会增加观赏者的兴趣。这些都并不是坏事,甚至可以说,它们或许会使戏剧产生新的艺术想象力和感染力。在这个意义上说,我们研究中国戏剧的"诸艺杂陈"和多样性,是有价值的。

(此文发表与台湾《戏曲研究》2008 年 2 期)

注释：

① 黄竹三《从山西仪式剧的演出形态看中国戏剧的特质》，《文化遗产》，2008 年第 1 期。

② 1989 年 3 月 12—14 日（农历己巳年正月十四至十六），任庄恢复扇鼓傩祭活动和傩戏演出，笔者实地考察记录。地点：任庄村内小学前广场（八卦坛设于此）。

③ 宋·刘斧《青琐高议》后集卷之五《隋炀帝海山记》下："（陈）后主曰'忆昔与帝同队戏时，情爱甚于同气，今陛下富有四海，令人钦佩不已。'"上海古籍出版社，1983 年版，第 152 页。

元·杨维祯《东维子文集》卷六《送朱女士桂英演史序》："钱塘为宋行都……一时御前应制多女流也，若棋待诏为沈姑姑，演史为张氏、宋氏、陈氏，说经为陆妙静、妙慧，小说为史惠英，队戏为李瑞娘，影戏为王润卿，皆一时慧黠之选也。"见《四库全书》，上海古籍出版社，1987 年版，第 1221 册，第 434 页。

④《元史·祭祀六》"国俗旧礼"条："岁正月十五日，宣政院同中书省奏，请先期中书奉旨移文枢密院，八卫拨伞鼓手一百二十人，殿后军甲马五百人，抬舁监坛汉关羽神轿军及杂用五百人，宣教院所辖官寺三百六十所掌供应佛像、坛面、幢幡、宝盖、车鼓、头旗三百六十坛……教坊司云和署掌大乐鼓、板杖鼓、筚篥、龙笛、琵琶、筝、蓁七色，凡四百人。兴和署掌妓女杂扮队戏一百五十人，祥和署掌杂把戏男女一百五十人……凡执役者，皆官给铠甲袍服器杖，俱以鲜丽整齐为尚，珠玉金绣，装束奇巧，首尾排列三十余里。都城士女，闾阎同观。"《元史》，中华书局点校本，1976 年版，第 6 册，第 1926 页。

⑤ 寒声、栗守田、原双喜主编，《上党傩文化与祭祀戏剧》所收院本《闹五更》《土地堂》，中国戏剧出版社，1999 年版，第 304－315 页。

⑥ 2006 年 8 月 12 日，山西省潞城县贾村碧霞宫赛祭，下午演出院本《土地堂》，笔者实地考察记录。地点：碧霞宫内戏台。

⑦ 见山西师范大学戏曲文物研究所藏锣鼓杂戏剧本《大报仇》。

⑧ 任光伟《赛戏抄本〈取东川〉校订》，（台北，《民俗曲艺》，财团法人施

合郑民俗文化基金会,第 107—108 期,第 333 页。

⑨ 隋树森编,《元曲选外编》第三册,中华书局,1959 年版,第 3 册,第 870—871 页。

⑩ 元·陶宗仪,《辍耕录》"院本名目"条之"打略拴搐",中华书局,1959 年版,第 314 页。

⑪ 宋·孟元老,《东京梦华录》北京,中国商业出版社,1982 年版,第 70 页。

⑫ 宋·孟元老,《东京梦华录》北京,中国商业出版社,1982 年版,第 48 页。

⑬《竹书纪年·帝启》:"舞九韶于大穆之野。"见黄永年《古本竹书纪年辑校》,辽宁教育出版社,1997 年版,第 50 页。

《诗经·宛丘》:"坎其击鼓,宛丘之下。无冬无夏,值其鹭羽。"见《十三经注疏》,中华书局,1980 年),上册,第 376 页。

汉·张衡《西京赋》:"临回望之广场,呈角抵之妙戏。"见《文选》,中华书局,1977 年版,册上,第 48 页下。

《三国志·魏书·齐王纪》裴松之注引司马师等《废魏君曹芳奏》:"(曹芳)日延小优郭怀、袁信等于建始芙蓉殿前裸祖游戏……又于广望观上,使怀、信等于观下作《辽东妖妇》,嬉亵过度,道路行人掩目。"中华书局点校本,1959 年版,第 129 页。

《隋书·音乐志》:"建国门内,绵亘八里,列为戏场。"中华书局点校本,1973 年版,第 361 页。

⑭《尚书》:"恒舞于宫,酣歌于室。"见《十三经注疏》,中华书局,1980 年版,上册,163 页。

《九歌·东皇太一》:"灵偃蹇兮姣服,芳菲菲兮满堂。"见《楚辞补注》,中华书局,1983 年版,第 57 页。

南唐·顾闳中《韩熙载夜宴图》、周文矩《合乐图》等,描绘乐舞演出于贵族厅堂中。见山西师范大学戏曲文物研究所《宋金元戏曲文物图论》,山西人民出版社,1987 年版,第 19—21 页。

四川、山西等地出土的百戏楼,有歌舞演于楼阁的场景。见刘海超《东汉绿轴陶戏楼》,《文物天地》1987 年,第 5 期。

⑮ 关于划地作场演出,文献记载有:宋·耐得翁《都城纪胜》"市井"条:"(汴京)执政府墙下空地,诸色路歧人在此作场……其馀街市,如此空隙地段,多有作场之人。"中国商业出版社,1982 年版,第 3 页。

宋·《西湖老人繁胜录》:"(南宋临安)十三军大教场、教奕军教场、后军教场、本仓内、前杈子里、贡院前、佑胜观前宽阔所在,扑赏并路歧人在内作场。"中国商业出版社,1982 年版,第 12 页。

宋·陈跃文《天中记》卷二十九载:北宋初年,"党进过市,见缚构栏者,问汝诵何言,优者说韩信,进怒曰:汝对我说韩信,见韩信即当说我,此三头两面之人。即命杖之。"见文渊阁《四库全书》,上海古籍出版社,1987 年版,卷 966,第 365 下页。

关于露台演出,文献记载有:宋·孟元老《东京梦华录》卷之六"元宵"条:"(汴京宣德楼前)用枋木垒成露台一所,彩结栏槛……教坊钧容直、露台子弟更互杂剧。"中国商业出版社,1982 年版,第 38 页。卷之八"六月六日崔府君生日二十四日神保观神生日"条:"(汴京神保观)于殿前露台上设乐棚,教坊钧容直作乐,更互杂剧舞旋。"中国商业出版社,1982 年版,第 53 页。

另外,在河南登封市中岳庙、山西万荣县宝井乡庙前村后土祠发现绘刻露台图像的碑刻,山西高平市西李门二仙庙发现金代露台实物。关于舞亭、乐楼,近年来在山西万荣县桥上村后土庙、山西沁县城关关侯庙、山西平顺县东河村九天圣母庙、山西阳城县刘家腰村白龙庙发现记载建造舞亭、乐楼的碑刻,均见山西师范大学戏曲文物研究所《宋金元戏曲文物图论》,山西人民出版社,1987 年版,第 127—136 页。

⑯ 关于勾栏,文献记载有:[宋]孟元老《东京梦华录》卷二"东角楼街巷"条:"街南桑家瓦子,近北中瓦,次里瓦。其中大小勾栏五十余座,内中瓦子莲花棚、牡丹棚、里瓦子夜叉棚、象棚最大,可容数千人。自丁先现、王团子、张七圣辈,后来又有人于此作场。"(北京,中国商业出版社,1982 年),页 15。

宋·《西湖老人繁胜录》"瓦市"条也记载南宋临安"南瓦、中瓦、大瓦、蒲桥瓦,唯北瓦大,有勾栏十三座,常是两座勾栏……背做莲花棚,常是御前杂剧。"中国商业出版社,1982年版,第16页。

宋·郭彖《睽车志》卷五载:"朱藻,字符章,徽人。某年南宫奏名,方待廷试,有士人同寓旅邸。士人便服日至瓦市观优。有邻坐者,士人与语颇狎,因问其姓字乡里,皆与元章同,士人讶之……未及详诘,适优者散场,观者哄然而出,士人与邻坐者亦起,出门,将邀就茶肆与语,而稠人中遂相失。"

见《笔记小说大观》,江苏广陵古籍刻印社,1983年版,第7册,第73上页。

元杂剧《蓝采和》第一折有对勾栏演出场所有详细描写。见隋树森《元曲选外编》,中华书局,1959年版,第3册,第971—972页。

⑰ 常熟翁氏旧藏明人画《南都繁会景物图卷》(局部)所绘南京明代戏台,建于闹市当街处。《乾隆御题万寿图》描绘乾隆十六年皇太后祝寿庆典时,自西华门至西直门间的两座戏台。见《中国太百科全书·戏曲曲艺卷》,中国大百科全书出版社,1983年版,彩页10、13。

⑱ 明刊本《金瓶梅词话》中有堂会演出的插图。见《中国太百科全书·戏曲曲艺卷》,中国大百科全书出版社,1983年版,第300页。

⑲ 《隋书》,中华书局点校本,1973年版,第361页。

⑳ 《文选》,中华书局,1977年版,上册,第48页下。

㉑ 文渊阁《四库全书》,上海古籍出版社,1987年版,卷1420,第634页上。

㉒ 文渊阁《四库全书》,上海古籍出版社,1987年版,卷463,第309页下。

㉓ 魏忠策,《罕见的汉代戏车画像砖》,《中原文物》1981年第3期。

㉔ 《十三经注疏》,中华书局,1980年版,上册,第851页。

㉕ 1998年2月11日(农历戊寅年正月十五),河北省武安市固义村演出傩戏《捉黄鬼》,笔者实地考察记录。地点:固义村中街巷及村南旷地。

㉖ 笔者曾于2001年考察过贾村二月二的香火会,2006年8月15日又考察过贾村碧霞宫的赛会。因为后者是为"山西长治赛社与乐户文化国际学术研讨会"献演,为照顾与会者观看方便,《过五关》改变为全部在广场上

演出,而不是原来的台上台下连演。《斩华雄》则按原貌在碧霞宫神庙戏台上和庙内场地上作固定性与流动性连接的演出。

㉗ 于一,《巴蜀傩戏》,大众文艺出版社,1996 年版,第 31—33 页。

㉘ 陈纪联,《莆仙目连戏摭拾》、林庆熙《漫谈福建莆仙戏〈目连〉》,福建省艺术研究所编《福建目连戏研究文集》,(福州,内部发行 1991 年),页 53、页 32。

㉙ 于一,《巴蜀傩戏》,大众文艺出版社,1996 年版,第 60—62 页。

中国戏曲演出的文化解读

黄竹三

中国戏曲是中华艺苑一朵灿烂夺目的奇葩,是一种内涵丰富的文化聚合物。中国戏曲具有多重属性,既是文学,又是艺术,而且其演出还是一种文化现象。在不同时期,不同角度,人们可以对它进行认知,既可从文学角度分析,也可作为艺术形态鉴赏,同时,还可以从文化层面来解读。本文拟着重对中国戏曲演出的文化内涵略陈一己之见,以就教于方家。

一

戏曲可以从文学角度分析,也可以作为舞台艺术观看、欣赏。戏曲还有一个重要功能,那就是作为社会民俗文化的一部分,存活于民间的各种活动中。社会民俗活动,包括庆赏活动,丧葬活动,祭祀活动等,戏曲演出都在其中扮演着重要的角色,也就是说,它是庆赏文化、丧葬文化、祭祀文化的重要组成部分。

我们先来看庆赏文化。自古至今,宫廷、民间的庆赏活动,都有戏曲或类似戏曲的演出。戏曲初形成的宋代,宫廷宴会中

就有"供盏献艺",其中所献之艺有一类是杂剧。如宋吴自牧《梦粱录》卷三"宰执亲王南班百官入内上寿赐宴"条载:

第五盏进御酒。……百官酒,乐部起《三台》舞,参军色执竿奏数语,勾杂剧入场,一场两段。

第七盏进御酒。……百官酒,舞《三台》,参军色作语,勾杂剧入场,三段。[宋·吴自牧:《梦粱录》(北京;中国商业出版社,1982年),页176。]

南宋情况与北宋相类。南宋周密《武林旧事》卷第一"圣节"条指出,"若锡宴节次,大率如《梦华》所载",同时具引宴乐初坐乐奏第四盏艺人时和"进念致语",道引乐奏《福寿永康》《庆寿新》,并随后艺人吴师贤演出《君圣臣贤爨》等杂剧[宋·周密:《武林旧事》(北京;中国商业出版社,1982年),页19。]。

不仅在宫廷宴会演出时参军色作念致语,而且圣驾外出赐宴也有类似节次。宋孟元老《东京梦华录》卷之六"驾幸临水殿观争标锡宴"条载圣上外出宴乐演出杂剧:

驾先幸池之临水殿锡燕群臣。……近殿水中,横立四彩舟,上有诸军百戏,如大旗、狮豹、棹刀、蛮牌、神鬼、杂剧之类。[宋·孟元老:《东京梦华录》(北京;中国商业出版社,1982年),页45。]

这些杂剧的演出,是宫廷庆贺宴乐之需,是宫廷宴乐礼仪的一部分,应该说是庆赏文化的一种。

除了宫廷,宋代以后,各地官府逢年过节,也要教坊艺人或民间戏班艺人到府衙应差献艺。这些演出不仅供官员娱乐,而且成为官方庆赏活动的必要组成部分。清代尤侗《年谱图诗·钧天乐》插绘民间戏班艺人为官衙演出图:官衙厅堂上,四周设席。坐若干官员,中间九名艺人正在演出,四名伴奏站于殿外。

不仅官府,民间的各种庆贺活动,如过节、生日、婚礼、中举、还愿、祝寿等,也都安排戏曲演出。富贵人家或出资雇请戏班到庆贺所在村社公演,供大众同乐;或在自家厅堂让家班、民间戏班献演,娱乐家人、亲眷、友朋,以联络乡民、族人、亲朋的感情。这些演出,其价值不在于演出本身,而在于构成一定时期、一定地域的民俗文化内涵。

明清时期的唱堂会,就是这类庆赏文化的一类。这时期的笔记、小说多有记载,并有图像描绘。如明刻本《金瓶梅词话》插绘"堂会演出图":在一厅堂内,两位演员居中表演,相对着的两侧设席观看,女艺人背后为伴奏人员,男艺人背后一帘之隔,坐有几位女眷观看。清代徐扬《盛世滋生图卷》,绘有木渎镇遂初园轩厅堂会演出《白兔记》图像。清代孙温所绘《全本红楼梦》十二册之四"荣国府元宵夜宴演戏图",描绘室内堂会演出北曲场景:画面左方为一室内戏台,上有四位艺人表演,荣国府主宾按长幼和男女之序,分坐于戏台对面和两侧观看。另外,清代年画《红梅记·打花鼓》也描绘堂会演出昆曲情景:一座建筑内部,中间铺垫氍毹为表演区,生旦丑三位艺人正在演出,表演者前方两侧为乐队伴奏人员;表演者背后两侧相对坐着六位看戏人。

庆赏活动中的唱堂会,在官宦或富贵人家中进行,有一个必要的程序,或曰仪式。这就是民间戏班在演出前,先由戏班班主向主家念诵一段"开场恭贺"。这"开场恭贺"不同于南戏或传奇的"副末开场"仅仅只吟诵一二阕词曲,介绍戏曲创作主张和所演剧目的剧情大意,而是对主家恭祝吉祥之语,表演《跳加官》《连升三级》《当朝一品》《贺寿》之类的吉祥小戏,然后恭呈戏册,请主家圈点需演剧码,最后才正式扮演。这是一种相沿成俗的演出习俗。

戏曲在民间演出,也有类似的开台习俗,早年广东粤剧戏班每到一地演出,第一天多演例戏《跳加官》《祭白虎》(财神伏虎挡煞)、《八仙庆寿》《六国封相》(戏班艺人全部装扮亮相)等,然后上演昆剧和粤剧剧码。[麦啸霞:《广东戏曲史略》(香港:中国文化协进会刊行,1940 年。上海书店,1990 年影印),页158。]这些安排为庆赏活动中戏曲表演的必要程序,是庆赏文化的固有民俗内容。

笔者还看过一种戏曲演出,似乎也属于庆赏文化的范畴。那是 2011 年 7 月,我应邀参加东南大学艺术学院承办的教育部戏剧影视广播专业教学指道委员会会议。会后,艺术学院院长王廷信先生让他的博士后武翠娟同学陪同我到南京廿一会馆观剧。此会馆为成功人士服务,内设商场、书店、餐饮、观剧、娱乐、健身、住宿等项。当晚由江苏昆剧院上演青春版《牡丹亭》,客人都在购物和餐饮,竟无一人观看演出。因为演出费用预先由会馆支付,剧团不管有无人观看,照演不误。整个晚上,观众只有我们三人。这种会馆戏曲演出,当是新的庆赏文化的一类,其演出不在于艺术观赏,而是作为一种社会文化,给高层人士及暴发户们选择享用。

二

自古至今,中国历朝历代,除了在民间庆赏活动中表演戏曲外,在丧葬活动中也有大量的戏曲演出。中国民众对亲人的逝世极为悲恸,对丧事也极重视,不仅设奠祭祀,披麻戴孝,哀哭悼念,甚至重金置圹,守墓三年。丧事期间,或在亲人灵堂前,雇请艺人表演戏曲片段;或出厚金重赏,诚请戏班在逝者所在村社连续多日演出各种戏剧;或于死者墓室中绘画戏曲壁画,镶嵌戏曲砖雕,陪葬戏曲明器等等。

在亡者灵前敬献戏曲,中国南北各地皆然。笔者 1998 年到山西运城市安邑镇作丧仪调查,就看到运城县(运城市下辖运城县)剧团艺人在丧家灵前表演蒲剧片段和演唱蒲剧唱段,每演一蒲剧片段,酬金 5 元,每唱一曲,酬金 2 元(在当时不算太低的报酬)。笔者为致悼意,也为丧家点了一出《秦雪梅吊孝》,主家很是感谢。在已逝亲人灵前献演戏曲,本是让逝者享用,但逝者无知,这些演出不过是其子女表达孝顺哀悼之情的一种仪式,与戏曲表演为了娱乐观众的目的并无关系,逝者的子女亲朋好友其时正忙于哀恸,根本无暇观看。另外,山西南部部分县市如襄汾、稷山、绛县等地农村葬仪中有一种"抱灵牌"演出,丧家请戏班艺人到灵前表演吊唁剧目,艺人先装扮成剧中人,据剧情祭奠亡人,俄时剧中人却转变为丧家子女,艺人以孝子口吻哭拜先人。这种戏曲代哭表演,是当地丧葬仪式的一种,是晋南丧葬文化中独特的有机组成部分。[详见孔美艳:《民间祭奠及晋南新编丧葬戏——以〈抱灵牌〉为个案》,《文艺研究》2011 年第5 期。]

　　丧家出资在村社诚请戏班演出,南北各地皆然,却又略不相同。近年来戏曲演出不景气,但一些经济发达而民俗活动恢复较多的地区,则形成一种丧事大演戏曲的习俗。一些丧家经济实力雄厚,所办丧事规模较大,往往出重资雇请当地有名剧种或戏班莅临出演。如福建泉州地区,有一种打城戏,时常在丧葬活动中演出。打城戏有两种,一种由和尚表演地藏王菩萨打开鬼门关,放出阴间冤鬼的故事;另一种由道士表演芭蕉大王巡视冤鬼城,放出冤鬼的故事。它除了表现佛教和道教的内容外,艺术上特别注重展示跳跃和武打杂技,如打剪、虎跳、舞旗、单杠、叠罗汉、过火圈、空中飞童、舞钹等,这些技艺,都是生活中武术、杂技、魔术嵌入戏剧表演中,有时与剧情并无太大关系。应该说,这也是丧葬文化的戏曲演出。

　　至于在死者墓室中绘画戏曲壁画,镶嵌戏曲砖雕,陪葬戏曲明器等,也是古代一种丧葬文化。近年来在河南、山西、陕西、江西等地发现的戏曲文物中,古代墓葬的戏曲壁画、戏曲线刻、戏曲砖雕,陪葬的戏曲文本多有面世。如河南省荥阳市东槐西村北宋石棺杂剧线刻。该棺棺盖正中刻有"大宋绍圣三年(1096)十一月初八日朱三翁之灵　男朱允建"字样,可断为石棺建造年代。石棺右侧刻有饮宴观杂剧图,上绘墓主夫妇坐于桌后,桌前四位杂剧艺人正作场表演:左一人头戴东坡巾,著圆领窄袖长袍,腰束带,右手执竹竿,左手前指,为末泥色;左二人头上软巾诨裹,颈围布巾,打结于前,著短褐,双小腿裸露,右手持磕瓜,为副末色;左三人头戴尖顶帽,身著长袍,肩头有一大补丁,腰微躬,叉手拱于胸前,颧骨高凸,侧身作笑状,为副净色;左四人似女扮,正面站立,双手作抃,头上披巾,向耳边垂下,上穿右衽襦,下系百褶裙,鼻大如蒜,双目圆睁,两道黑墨自额贯眼而下,呈八字形,右脸颊有一大墨点,亦为副净色。

又如山西省芮城县永乐宫潘德冲墓石棺元前杂剧线刻。该墓建于元世祖中统元年(1260),石棺前档绘刻一座二层门楼,上层后部立屏风,屏风前四艺人正在演出。左起第一人软巾诨裹,穿窄袖长衫,束带,左手撩掖衣角,小腿跣露,右手拇指与食指置口中作打哨状,眼部斜涂八字形黑线,为夸张滑稽化妆。第二人戴展脚幞头,著圆领宽袖长袍,双手执笏拱于胸前。第三人戴露顶尖帽,长衫束带,敞怀露腹,眼部也有滑稽化妆痕迹;左手上举握拳,露出大拇指,肘部悬一筒状物,右手曲置胸前右指,似让人注意其肘上之物。第四人戴卷脚幞头,穿窄袖长衫,系领带,束腰,双手叉于胸前作参拜状。

最近,在河南省发现一幅北宋墓室石椁杂剧线刻图,为北宋宣和二年一月十五日"河南府寿安县甘泉乡徐阳村张全所造石函"所刻绘。所谓石函,即石椁。石椁前档绘一杂剧演出图:左右两侧设宴席,男女主人分坐其间,席前戏班艺人正在做场。脚色有参军色、末泥色、装孤、装旦等,乐器有大鼓、杖鼓、拍板等。与前面两幅墓葬戏曲线刻相较,明显有几点不同:一是此前堂屋演出图只绘一宴席,此图为双宴席。二是此前所绘民间杂剧演出无参军色,而此图刻绘有参军色,说明参军色在宫廷和民间杂剧演出中均已存在。三是刻绘匠人为平阳府人,为专司此业者,说明北宋汴京与平阳交往紧密,为同一杂剧表演地区。此线刻图已由西北大学元鹏飞教授撰文《宋代戏剧形态发展的重大新物证——北宋宣和二年石棺线刻杂剧做场图的发现及戏剧史价值》详加论说。

以上墓葬中的戏曲壁画、线刻,与墓室中的戏曲砖雕、陪葬的戏曲抄本、刻本等,均证明历代丧葬民俗中有戏曲演出,为不同时期丧葬文化的重要组成部分。

三

民俗文化还有重要的一类,即宗教祭祀,在我国民间的祭祀活动中,常常伴有戏剧或类似戏剧的演出。这种演出,古已有之。早在初民时期,由于社会生产力处于低级阶段,人们对自然、社会的种种变异不能理解,以为冥冥之上有一种超凡的力量——神灵在主宰,因而对其膜拜、祈求。我国先民最早祭祀的神灵有天神和地神,后来发展到祭祀所有神灵,成为泛神祭。对神灵的祭祀,需要敬献,一类是物质的,也就是牲酒面食果品;另一类是精神的,也就是歌舞伎艺乃至类似戏剧的表演,这样在赛社祭祀中便出现了戏剧活动。上古时期,还有一种驱除恶鬼的傩祭,由“方相氏蒙熊皮,黄金四目,玄衣朱裳,执戈扬盾,帅百隶而时难(傩),以索室逐疫。”(《周礼·夏官·方相氏》)《通雅》也记载:“傩神凡十二,皆使逐恶凶。”汉魏时,“村民并击细腰鼓,戴胡头,及作金刚力士以逐疫”(《荆楚岁时记》)。这些祭祀活动,本身就是一种装扮人物的表演。至宋代,“构肆乐人,自过七夕,便搬演目连救母杂剧,直至十五日止,观者增倍。”〔见宋·孟元老:《东京梦华录》卷之八,"中元节"条。]除夕之夜,艺人则装扮钟馗、小妹、土地、门神和判官以逐疫。[见宋·孟元老:《东京梦华录》卷之十,"除夕"条。]

这是佛教、道教文化的戏剧演出,它们一直延续至今,逐渐形成独特的祭祀戏剧。

今天,在我国民间存活着多种原生态的祭祀戏剧,时常在宗教民俗活动中演出,是为祭祀文化的组成部分。它们各具特点,具有不同的文化价值。这里仅举笔者比较熟悉的数例说明之。

山西省曲沃县任庄村的扇鼓傩戏,其中一个剧目《坐后土》。其内容为:后土娘娘有五个儿子,千秋华诞之日,命侍者王成通知他们前来朝贺。占有春、夏、秋、冬四季的四个儿子遵命前往祝寿,五子因无"江山日期",不愿前去。后土娘娘得知,便从四子掌管的四季中每季抽出 18 天,共 72 天,组成"土王日",归五子掌管,矛盾得到解决。演出就在傩祭八卦坛内进行,由神家装扮的后土娘娘端坐在八卦坛主坛旁的高台上,侍者王成分别到东南西北各坛导引五个神家(即五子)前往朝贺。四子遵命前往,各绕坛一周、二周或三周,来到后土娘娘驾前站立,五子最后才到,角色之间各有台词。从总体看,已有人物装扮、矛盾冲突和故事情节,但表演者却仍穿着祭祀者"神家"的服装(头戴红缨凉帽,身穿皂色长袍、红色裤子,外罩翻毛羊皮袄,足登平底布靴,有古代方相氏的影子),并未完全装扮成剧中人物,而吟诵台词时,一边敲击作为祭祀主乐器的扇鼓(一种扇面羊皮单面鼓),说明这种演出还未完全脱离祭祀活动,正处于祭祀活动向戏剧过渡的阶段中。而剧中的传令侍者王成，服饰已变，人物装扮接近成熟的戏剧。

我们再看河北省武安市固义村的队戏《调掠马》的表演。它先由"掌竹"（即"竹竿子"）上场，戴无脚幞头，著圆领绣花红袍，足蹬皂靴，站在台口中央，面对观众，正冠，拂袖，亮相，左手贴身持戏竹，吟诵开场词。然后走到台口右侧，换用右手持戏竹，侧身面向上场门，勾出探神、关羽等上场。探神戴面具、额子，穿无袖黄衫，著玫瑰色长裤，登平底皂靴。关羽戴头套，身穿绿蟒袍，足登高底皂靴，手持大刀。关羽上场后，舞蹈，然后登坐台中高桌上，探神在下作敬献金银香束表演，然后下场。这时另一角色颜昭（《三国演义》中颜良之子）上场行刺关羽，关羽与之开打，最后把颜昭打翻在地，用大刀压住其背。此时诸角色静止不动，"掌竹"在台口右侧吟说关羽身世经历，从姓名籍贯，在家乡仗义杀死作恶多端的雄员外出逃，与刘备、张飞桃园结义，说到长沙府战黄忠，颜昭前来行刺事。末尾由"掌竹"念诵作结。剧中角色只演不说，而"掌竹"只说不演，这种说白与表演分离的表演形态，说明它是从词话说唱向戏剧过渡的表演。

山西南部地区的锣鼓杂戏是一种祀神戏剧，因演出时以锣鼓伴奏而得名，通常在农历正月十五或神灵诞日，即庙会之期演出。它经过迎神摆道、供馔祭祖、谒庙礼拜、神马圆阵、祭坛斋会后，才在神庙正殿前或庙台上演。杂戏表演时只说不唱，以"吟"为主，间以念白。所谓"吟"，就是自然语音略加音乐变化的有节奏的腔调；所谓"念"，即通常的说白，其文本表现为,"吟"用韵文,"念"用散文,整个剧本是由一段韵文一段散文连接在一起构成,在表演上,则是吟念交错,文白相间,而每一吟白之后,配以一下锣声。很明显,这是一种诗赞体表演,与一般戏曲的曲牌联套体或板式变化体不同。缺少歌唱和弦管乐伴奏等艺术手段,使锣鼓杂戏的表演显得原始、粗犷。山西的其他祭祀戏剧如晋北的赛戏、晋东南的队戏、曲沃的扇鼓傩戏等也大都是诗赞体,没有唱腔,而且伴奏只用打击乐,而无管乐和弦乐。锣鼓杂戏还有一个特点,其人物装扮与传统的观赏性戏剧不同,未形成脚色行当体制,它的演出没有职业班社,演员都是面朝黄土背朝天的农民,他们没有生、旦、净、末、丑的行当概念,演薛仁贵的就叫薛仁贵,演赵匡胤的就叫赵匡胤,均以剧中人物的名字出现。反映在剧本中,某一人物上场,就在舞台提示上直书某某上。锣鼓杂戏的演出,不仅没有脚色行当,而且剧中人物必须由固定的村民装扮,从不改易,而且父死子继。如演三国戏,装扮关羽者其子仍演关羽,装扮张飞者其子仍演张飞,不能互串,可以.说是演出装扮世袭制。如果装扮剧中某一人物的村民死后无子,或其子无意袭演,则由村民公议,另定他人继演。这种装扮体制带有浓厚的原始色彩。山西其他的祭祀戏剧如赛戏和队戏,贵州的地戏等,也与锣鼓杂戏相类,不用脚色行当,说明它们还处于原始初级状态,未成为成熟的戏曲。

这里还要介绍河北省武安市的傩戏《捉黄鬼》,此剧表演三个鬼差(大鬼、二鬼和跳鬼)奉阎王之命捉黄鬼到阴间审判处斩的故事。黄鬼是疾病灾害、凶邪忤逆的化身,大鬼、二鬼是阴曹地府的差役,跳鬼则是阴曹地府的地方鬼,协助大鬼和二鬼捉拿黄鬼。表演开始,两个探马进入村中道子(观众围成的通道),骑马往返奔驰开道。同时大鬼、二鬼、跳鬼和黄鬼也进入道子,大鬼在前面开路,二鬼在后面驱赶,中间黄鬼弓着身子,哆嗦后退,不愿行进,跳鬼则前后跳动,诱使黄鬼前行。驱赶黄鬼期间,数十乡民(由古代的"伥子"演变而来)高举柳棍,口哨呼啸,道子两侧的村民也大声吆喝、呐喊,形成了极其壮观的全民驱鬼场面。其后,三个鬼差押送黄鬼到村南旷地上搭建的判官台和阎王台前,接受判官和阎王的审判,最终押赴斩鬼台处斩。这种表演,其演出场所不断流动,从村中街巷到村外旷地,有时在路上,有时又在固定的台上,台上台下,固定流动,相互连接,显示了特殊的形态。同类演出还有河北省武安市的《拉死鬼》、山西省上党地区的《过五关》等。

　　祭祀戏剧除了在固定神庙戏台外,还可在室外划地作场演出。此时,表演者与观众处于同一平地上,而以一定距离将二者分开,艺人在所划圈中表演,观众在圈外观看。湖南省花垣县祭祀戏剧"茅古斯",便保留划地作场演出的传统。"茅古斯"是湖南省土家族原生态傩舞,已有戏剧萌芽,土家语称"古司拨铺",意为"祖先的故事"。每年岁首,于摆手舞中表演,我在 1994 年吉首傩戏学术研讨会上有幸考察,还写了一首小诗,描写茅古斯的表演过程:"偶到湘西地,得瞻茅古斯。此俗源土家,流播非一时。每至春之日,相聚远山陂。男女皆裸袒,身上茅草披。雄者佩阳具,木制有尺馀。阴阳相交媾,显彼生殖姿。傩公与傩婆,黄土捏作尸。专供拜与祭,仪后呈优戏。先期为狩猎,嗣后乃稼稽。氏族互争战,攻守颇离奇。虽无歌与乐,情节已显晰。装扮原始态,却有戏端倪。艺术探源流,于此须审思。礼失求诸野,斯言信不虚。"茅古斯的演出,有多种拜祭内容,它悼祀祖先,追忆民族历史,也是一种祭祀戏剧。

<h2 style="text-align:center">四</h2>

以往,我们研究戏曲,大多从文学、艺术角度进行,无疑是必要的。但以古今大量的社会民俗活动存在戏曲表演来看,从文化层面探索戏曲演出,也不应忽视。从文学、艺术角度研究戏曲,当然着眼它的思想内涵,反映社会生活的深度广度,艺术上各方面取得的成就。从文化层面探索戏曲,则不一定单专注于此。因为社会民俗活动中的戏曲演出,并不都是成熟戏曲的完整表演,或只是它的一个场面、一个片段。特别是祭祀戏剧的表演,由于它比观赏性戏剧原始、粗糙,构成它的艺术因素或有欠缺,正处于从祭祀、歌舞、说唱向戏剧过渡的状态中,其思想艺术成就不一定很高,但我们不应对它鄙视。相反,我们应看到它具有的独特文化价值。

首先,显示了民俗文化的丰富性。民俗活动包括庆赏活动、丧葬活动、祭祀活动、竞赛活动等,在这些活动中,加入了戏剧或类似戏剧的表演,使得它的程序不那么单一,内涵更为丰富,更能吸引活动的参与者。如宋代宫廷庆赏活动中的"供盏献艺",杂剧与念诵致语、奏乐、歌唱、舞蹈、技艺同台演出,演艺种类繁多,使庆赏活动丰富多彩。这种"供盏献艺",从宫廷流播到民间(山西上党地区的赛祭就有"供盏献艺"),使得民间的庆赏活动增彩生色。又如民间过节、生日、婚礼、中举、还愿、祝寿时演剧,本是主家与众同乐,但有时邀请了多个戏班同时演出(农村现存众多对台、并台、二连台、三连台、两层戏台、品字形戏台等),就使庆赏活动有了竞赛性质。再如民间的丧葬活动,本来亲人仙逝是悲伤的事,但加入了灵前演剧,就使丧事变成白喜事,和缓了悲伤情绪。这都使民俗文化活动具有丰富性。

其次,显示了戏曲形态的多样性。在各种民俗活动中的戏曲演出,让我们看到了中国戏剧有两大类型:观赏性戏剧和祭祀性戏剧。观赏性戏剧有杂剧、南戏、传奇、各种地方戏等。祭祀性戏剧有赛戏、傩戏、目连戏等。在各地民间演出中,还有队戏、院本、锣鼓杂戏、脸戏、变人戏、地戏、军傩、关索戏、线戏、跳戏等,它们展现的内涵、表演的形态、演出的场所不尽相同,各有其形成、发展、存活的环境与机遇,显示了中国戏曲形态的多种多样。

再次,显示了戏曲发展的渐进性。中国戏曲的成熟不是一蹴而就的,它有一个渐进过程。它发展的不同阶段,都在各种民俗活动的戏剧演出中得到展现。如前所述,有的戏剧从祭祀活动中演变而成,如山西省曲沃县任庄村的扇鼓傩戏《坐后土》;有的从歌舞发展而来,如湖南省花垣县的茅古斯,就是从摆手舞演变而成;有的表演和说白分离,如河北省武安市固义村的队戏《调掠马》;有的融合艺术因素不够丰富,只有吟诵,缺少歌唱,只有打击乐,缺少管弦乐伴奏,如山西省晋南的锣鼓杂戏、雁北的赛戏;有的未形成脚色行当体制,如上述的锣鼓杂戏、赛戏、贵州的地戏等；有的演出场所不断转移，从流动到固定，走停结合，如河北省武安市的大型傩戏《捉黄鬼》《拉死鬼》、山西上党地区的队戏《过五关》等。民俗活动中的戏剧表演，展示了中国戏曲发展不同阶段的形态、特点和渐进过程。

以上所见，如有谬误，敬请方家指正。

附 录 三

春意满苑圃　为有幽香来

——黄竹三教授对我国戏曲文物学的贡献

陈建中

　　黄竹三教授作为戏曲文物学的开山者和奠基者，为我国戏曲文物学的创立与学科发展做出了卓越的贡献，其研究成果享誉海内外，并于 2013 年荣获第八届全国戏剧文化奖戏曲教学与研究终身成就奖。

　　我与黄竹三先生的交往主要出于工作关系。恢复高考后，我有幸进入山西师范学院政史系学习，学生时期就知道中文系黄竹三先生的大名。毕业后分配到《山西师院学报》（后改名《山西师大学报》）社会科学版工作，从编辑、副编审、编审到学报主编，历时 16 年之久。因黄竹三先生是学报重要作者，后又兼任学报社会科学版编委会主任，出于编辑工作关系，逐渐对黄竹三教授在戏曲史研究方面的成就有了全面深入的了解。今天，我从《山西师大学报》一名老编辑的角度，想就三个方面，谈谈黄竹三教授对我国戏曲文物学理论研究和学科发展的贡献。

一、开创了戏曲文物学研究与学科建设的先河

学科建设是每一门科学(包括自然科学和社会科学)发展的基础,也是一所大学的立身之基。要建设一流的大学,没有一流的学科是不行的。2015 年 8 月,中央全面深化改革领导小组第 15 次会议审议通过《统筹推进世界一流大学和一流学科建设总体方案》。2015 年 11 月,国务院正式印发将"985 工程""211工程""优势学科创新平台""特色重点学科建设"等重点建设项目,统一纳入世界一流大学和一流学科建设(俗称"双一流"建设)。教育部在回应中央与国务院方案时称:以中国特色世界一流为核心,以学科为基础,建设"双一流"大学,推动一批高水平大学和学科进入世界一流行列或前列的目标。

筚路蓝缕,以启山林。建设一流学科,从来就不是一件容易的事。维系一个学科的发展已经不易,开创一个新学科更是难上加难。以黄竹三教授为首的山西师范大学戏曲文物研究所的科研团队,在地处晋南一隅的山西师范大学创立了中国戏曲史研究的新兴学科——戏曲文物学,开辟了中国戏曲史研究的新领域。

1. 首开戏曲文物研究的先河

传统的戏曲史研究,文献研究居于主流地位,其路径主要集中在对传统经典文献的考证与探索,多重视从文本角度研究古代戏曲,且多数研究者着重研究元杂剧的作家与作品,鲜有涉及有关戏曲史的地上地下文物研究,即使偶有历史考古学者发掘或者发现零星的有关戏曲史的文物,也只是作为一般的历史文

物加以介绍,很少将其与戏曲史的发生发展联系起来。这是有其历史原因的。一是因为此前有关戏曲文物的考古发现还比较少,没有引起戏曲史研究者的关注;二是戏曲文物学创立和产生的条件还不具备,时机还不成熟,学科准备还不足,至少说还没有进入研究者的视野或议事日程。因为任何一个学科的产生与发展,都必须具备一定的基础,经过长期的酝酿,有其产生的历史必然性,最主要的还是学科发展本身的现实需要,而不是随心所欲,随意或者随便就能够建立一个新学科。正如考古学的产生与发展一样,作为历史学的一个重要学科门类和衍生学科,其发生与发展首先是历史学本身发展的需要。在考古学没有产生之前,传统历史学也多注重于有文字可考的经典文献的研究,但文献记载总是有限的,不仅没有文字和文献记载的史前文明无法复原,即使是有文字可考和文献记载的中古史,也存在漏记、错记、误记等现象,于是考古学便应运而生了。所谓考古学,是根据古代人类活动遗留下来的实物史料来研究人类古代历史的一门科学,属于历史学的一个门类。而实物史料即各种遗迹遗物,既有地上文物,也有地下文物,通过发掘这些实物史料,以实物证史,来研究古代社会历史发展面貌和历史发展规律。它有两种意义:一是对于复原没有文字记载的史前文明有特殊作用;二是对于历史悬疑等问题,可以通过挖掘实物史料即文物予以证实。中国的考古学发端于北宋时期,是中国考古学的前身。比如当时的赵明诚与李清照合著的《金石录》一书,就开辟了以金石证史的先河。20世纪初,中国开始了以发掘实物史料工作为基础的现代考古学。新中国成立后,中国考古学进入新的发展时期。考古学的产生,弥补了传统历史学主要研究经典文献的不足,从而使历史科学建立在更加科学可信的基础之上。戏曲文物学本质上是一门交叉学科,是戏曲学与考古学结合的产物,也是一门新兴的边缘学科,所谓边缘学科,即跨学科性。从广泛的意义上来说,它是考古学的一个分支学科,因为戏曲史本身就是历史学中文学艺术史的一部分,是以戏曲文物考古的方式来研究戏曲史;但从专业的角度来看,它属于戏曲史研究的一个新兴学科。黄竹三教授及其科研团队,首开戏曲文物研究的先河,开创了以文物证史的戏曲史研究的新领域,具有继往开来的历史意义。

2. 戏曲文物学产生的历史必然性

地处山西省晋南一隅的山西师范大学,何以能引领和首开戏曲文物研究的先河? 这其中既有历史必然性,也有历史偶然性。从根本上来说,得益于天时、地利、人和。

首先,戏曲文物学的出现是时代的召唤。戏曲文物研究为何在 20 世纪 80 年代初萌生和兴起? 这是因为当时正处于改革开放初期,全国科学大会的召开,像春风一样吹拂大地,为自然科学和社会科学研究打开了一扇大门;高考制度的恢复,又为全国高等院校的教学与科研改革铺平了道路,"文革"时期一度凋零了的学术研究又获得了勃勃生机。学术研究在这股春风的吹拂下开始发芽、开花、结果,正是在这种大气候下,戏曲文物学的研究才能够应运而生。

其次,戏曲文物学的出现有着得天独厚的地利优势。戏曲文物学为何在地处一隅的晋南产生,而不是别的地方? 山西师范大学地处晋南,属古河东地区,是我国古代戏曲艺术的发祥地之一,留存有丰富的地上地下戏曲文物。当时发现的大量的戏曲文物,为戏曲文物研究提供了得天独厚的地利优势和丰富的文物资料,也引起了中国社会科学院、中国艺术研究院、中央戏剧学院、南开大学等一批戏曲史专家的关注,为戏曲文物学研究的发轫奠定了基础。

再次,戏曲文物学的产生最终得益于以黄竹三教授为首的一批学养深厚、业务精良的科研团队的开创性工作与杰出的贡献。戏曲文物学为何在山西师范大学产生而不是别的大学?这里就不能不提到开山者黄竹三教授,作为全国著名戏曲史专家王季思先生的高足,学养深厚,高瞻远瞩,敏锐地捕捉到了这一时代信息,抓住了这一机遇,顺应历史趋势,并以其远见卓识和艰苦卓绝的工作,开创了戏曲文物学研究的先河,填补了戏曲史研究领域的一个空白。没有深厚的专业素养和长期的学术积累,这一切都是不可能的。黄竹三中山大学研究生毕业分配到山西工作,随着后来对晋南戏曲文物的深入了解,他被深深地震撼了,从而坚定了从事戏曲文物研究的方向。20 世纪 80 年代初组成“戏曲文物研究小组”,在晋南地区有针对性地进行戏曲文物考察,撰写了大量的戏曲文物学术论文,发表在当时的《山西师院学报》社会科学版上。学报也根据学校各院系的重点学科和特色研究,设置了一批重点栏目,其中主要有黄竹三先生的“戏曲文物研究”、何林天教授的“红楼梦版本研究”、聂恩彦先生的“楚辞研究”、李孟存先生的“晋国史研究”、陈德安先生的“师范教育研究”等。1980 年 8 月,在山西省新绛县吴岭庄卫家墓发现了一批元初戏曲砖雕,黄竹三教授执笔撰写了《元初戏剧演出的重要史证——山西新绛元墓戏雕考述》一文,发表于《山西师院学报》1981 年第 2 期,该文在戏曲史研究上具有重要意义,文章发表后引起学术界的广泛关注,《中国戏剧年鉴》1983 年全文转载,在戏曲学术界引起重要影响。此后便一发而不可收。1984 年成立山西师范大学戏曲文物研究所,成为全国第一个以戏曲文物为研究对象的专门科研机构,并最终成为全国戏曲文物研究的重镇。

3. 开创了戏曲史研究的新时代

从山西师范大学戏曲文物研究所成立至今,开创了戏曲文物研究的一个新时代。从刚开始的起根发苗,到逐渐引起学术界的关注,以至最终异军突起,蜚声海内外,开创出戏曲文物研究的一片新天地,撑起戏曲史研究的半边天,对于推动中国的戏曲史学研究,促进戏曲史学的繁荣发展,功莫大焉。

(1)形成了独特的研究特色。戏曲文物学是一门新兴的交叉学科,是戏曲学与文物考古学的结合。其研究方式注重以野外考察为主,将所得的文物资料、民俗资料与文献资料相结合,坚持以实物证实、史论结合的方式方法,产生出一大批高水平、原创性的成果,并形成了科研、教学、博物馆和大型学术辑刊四位一体的学科机制,取得了显著成就。

(2)产生了一批原创性的成果。近年来,以黄竹三教授为首的山西师范大学戏曲文物研究所的科研团队,申请和承担了国家哲学社会科学规划课题、国家教委课题、山西省哲学社会科学规划课题共 21 项;在《文艺研究》《文学遗产》《文物》《考古》《戏曲研究》《中华戏曲》、台湾《民俗曲艺》等刊物发表学术论文 500 余篇；出版了《宋金元戏曲文物图论》《中国戏曲文物通论》《六十种曲评注》等学术著作数十部；有十多项科研成果荣获全国及省部级人文社会科学优秀成果奖。其中黄竹三、冯俊杰主编的《六十种曲评注》2002 年荣获第十三届中国图书奖。

（3）具有极高的文献价值和学术价值。戏曲文物坚持从野外考察中获取的一手资料多属于民间性质，这些资料并未进入当时官方记载的文献系统，也没有被当时的文人笔记或野史所记录，但却真实记录了民间的戏曲发展状况，对了解古代戏曲发展以及社会历史、民俗、民间信仰、民间艺术等具有极高的文献与学术价值。正是由于其处于自生自灭的状态，尤其显示出其珍贵性一面。正因为如此，其成果多数具有原创性，被戏曲研究、文学研究、社会史研究、宗教研究、民俗研究者大量引用，产生了广泛而深远的影响。

"纵目云山皆画意，清风明月伴诗来。"①戏曲文物学的创立，结束了过去戏曲史研究中仅注重文本研究的局限，开创了中国戏曲文物研究的先河，拓宽了戏曲史研究的新领域，开辟了戏曲史研究中以文物证史的新时代，无论对于戏曲文物学、历史考古学、文献考据学等，都具有划时代的学术价值和现实意义。

二、创立了戏曲文物学这一戏曲史研究的新学科

任何一个学科的产生，都有其酝酿、萌芽、发展、成熟的过程。戏曲文物学作为戏曲史研究的新兴学科，同样经历了从萌芽阶段的零星、分散的研究，到最后形成明确的研究对象，科学

的研究方式和方法,成熟的理论体系,独立的学科特点,完善的学科机制,并最终得到学界认可。

1. 戏曲文物学创立、发展及形成过程

（1）萌芽酝酿时期。20 世纪之前,戏曲文物曾零星出现在一些著作、方志中,仅仅作为"金石"考证、"考古"记载的一般文物,并没有揭示其与戏曲史的联系。20 世纪以来,有考古工作者发现一些古戏台、戏曲绘画、碑刻等,但也仅作为一般戏曲文物进行介绍说明,也未从戏曲史角度进行分析。但随着考古、文物工作者发现的戏曲文物种类、数量逐渐增多,引起了少数戏曲史专家的注意,初步联系戏曲发展史进行探讨,发表了一些分散、零星的研究成果。并未在概念上把戏曲文物作为戏曲史研究的一个独立分支学科来进行专门的考察与研究。

（2）前期研究阶段。真正把戏曲文物作为戏曲史研究的一个分支学科进行独立研究的,应该说是从黄竹三教授为首的山西师范大学"戏曲文物研究小组"开始的。早在 1965 年黄竹三研究生毕业时,其恩师王季思先生就叮嘱他可以从事戏曲文物方面的研究。1980 年春,中国社科院吴晓铃先生来山西进行学术考察,也曾指点他从事戏曲文物研究,这与其恩师叮嘱不谋而合。来到山西师范学院工作后,当看到晋南地区元代戏台与大量地上地下戏曲文物时,他被深深震撼了,也逐步确定了从事戏曲文物研究的这一方向和领域。

"卅载辛劳在野途,草成芹论苍颜舒。"[2]这些诗句正是黄竹三先生戏曲文物野外考察的写照。从 1980 年开始,以黄竹三教授为首的"戏曲文物研究小组"进行了大量艰苦的地上地下戏曲文物考察,也撰写了一批戏曲文物学术论文,这一时期发表在《山西师范学报》社会科学版的论文就有十多篇。

（3）逐步确立了戏曲文物学的研究对象与方法。戏曲文物学作为戏曲史研究的一门新兴学科,其创立一开始并不是完全明确清晰的。只是随着研究的深入,这一独立的分支学科的轮廓从研究对象、研究方法到学科体系才逐渐地明朗和清晰起来。

戏曲文物学从严格意义上来说是戏曲艺术与考古学相结合的产物,是运用考古手段研究戏曲历史现象的一门边缘学科。关于学科的研究对象,也是在探索过程中才逐渐明确的。它区别于传统的戏曲史研究中只注重文本研究即已知传世的文献资料和作家作品研究,而运用考古手段,以地上地下戏曲文物包括舞台建筑、戏曲绘画、雕刻、砖石题记、墓葬遗物等为研究对象,通过实物史料来证实和探讨戏曲艺术的产生、发展,即以文物资料来证史,探讨戏曲的文学、艺术、文化特质、特点、价值和意义。

一个学科的建立,不仅要有确定的研究对象,还要有科学的研究方式和方法,这是建立一门学科的基础。正是在长期的理论研究与实践探讨过程中,形成了独特的以实物证史的研究方法。①坚持外出深入实地进行野外考察,及时发现戏曲文物与实物资料;②利用他人发现的戏曲文物资料进行比较研究;③将新发现戏曲文物置于其产生的时代背景下进行认识;④以文物证史,将新发现文物与传世文献资料加以对比,找出异同。一是印证存世文献,二是纠正误记文献,三是补充缺记漏记文献;⑤以现代的科学方法与文史理论如社会学、艺术学、人类学、管理学等理论重新认识文物资料,探讨戏曲发展规律。以上以实物证史的研究方法,为戏曲文物学的创立、发展及成熟奠定了基础。

正是得益于以文物证史的科学研究方法,黄竹三教授及其科研团队获得了丰硕的研究成果,逐步形成了戏曲文物学系统的理论体系。1987 年他主编的《宋金元戏曲文物图论》填补了同类著作空白,在海内外产生重大影响。其与延保全合著的《中国戏曲文物通论》,是一部关于戏曲文物方面较为全面系统、史论结合的扛鼎之作。该书主要论述了戏曲文物的定义、类型及研究意义;戏曲文物研究的分期及成就、特点、形态、分布及其价值;戏曲文物中展现的演出场所、脚色行当、形象图考;戏曲文物中的服饰、化妆、道具、乐器等。全书配以数百帧珍贵图片,是一部全面深入探讨戏曲文物学的重要著作,使戏曲文物学的理论体系逐渐得到丰富、完善和成熟。

2. 戏曲文物学创立的学科价值及意义

任何一门学科的产生,既有其产生的历史必然性,同时也有其存在的科学价值与现实基础,说白了就是学科本身发展的需要。戏曲文物学作为戏曲史研究的一门新兴学科,其创立是戏曲史研究自身发展的需要,无疑具有重要的学科价值与现实基础。

(1)戏曲文物学的创立,开启了以文物证史的新时代,它使戏曲史研究建立在更加科学坚实的基础之上,其结论也更加真实可信。历史科学包括戏曲史研究要注重对存世经典文献记载的研究,这是毫无疑问的。但仅凭这一方面的研究是远远不够的,其结论也是不足为信的。单从历史学来看,没有文字记载的史前文明只能以考古实物来证实;有文字记载的历史,又存在正史与野史之分,由于史官存在主观好恶,常有溢美与贬损之嫌,同时历朝历代都存在为尊者讳的现实,史官往往不敢如实记录历史事实,因此无论正史野史,其结论常常迥异,真假难辨,也需要以考古实物资料加以证实或证伪;再者,有文献记载的历史资料往往是很有限的,常常挂一漏万,甚至存在错记、误记、漏记现象;或者过于简略,语焉不详。凡此种种,都需要以地上地下的考古实物来加以证实,由此便有了历史学科的衍生学科——发端于北宋的考古学的产生与发展,也开启了历史学研究中以实物证史的时代。

戏曲文物学作为戏曲史的新兴学科,通过考古发掘地上地下戏曲文物,坚持以文物证史的研究方法,从而也使戏曲史研究建立在更加科学可信的基础之上。例如关于戏曲起源问题,由于文献记载有限,各家之言往往各执一端,存在多种观点,有巫觋说,歌舞说,百戏说,傀儡说,外来说等等。在考察戏曲文物与原生态戏剧过程中,黄竹三教授认为,戏剧起源不仅与宗教祭祀有关,从其发展、成熟生态环境看,戏曲与民间祭祀与宗教信仰也密不可分,戏剧起源既可追溯到上古时代巫优歌舞与装扮表演,也可追溯到民间娱乐表演,这已被发现的许多地上地下文物所证实。从这个意义上说,戏剧起源是多元的。把经典文献即文本研究与文物考察结合起来,两者相互印证、取长补短,使戏曲史研究更加科学可信。

(2)戏曲文物学的创立,改变了以往戏曲史研究只注重经典文献即文本研究的学科局限与不足,使戏曲史学科发展更加完善、完整、完美、全面。戏曲文物学既是戏曲史学科发展本身的需要,也是戏曲史研究的现实需要,它弥补了以往戏曲史学科的不足,开辟了戏曲文物研究的新视野、新领域。在传统戏曲史研究中,片面重视经典文献研究是不足为训的,不仅其结论难以信服,其对学科发展也极为不利,正是从这个意义上说,戏曲文物学的创立弥补了戏曲史文本研究的局限于不足。犹如鸟之双翼,车之双轮,使戏曲史学科发展建立在更加健康、全面、完善的基础之上。比如,戏曲作为舞台表演艺术,戏曲史本应是一部立体多维的演出艺术史,但由于文献记载的严重匮乏,文献资料对戏曲演出情况的记载甚少,这也造成传统的中国戏曲史主要注重研究戏曲文学史,出现偏重以作家作品为中心的文本研究的学科局限。要想使戏曲史研究回归其戏曲艺术演剧史的本来面目,戏曲文物学的创立与开拓弥补了这一学科缺陷。20 世纪 80 年代以来,以黄竹三教授为首创立的戏曲文物学改变了这一现状,随着戏曲文物的不断发现和研究深入,提供了大量的戏曲表演的形象资料,使戏曲演剧艺术史的认识不断得到丰富和深化,为中国戏曲演艺史的研究与学科全面发展做出了重要贡献。

(3)戏曲文物学的创立,坚持以文物实物证史的研究方式和方法,纠正、厘清和解决了戏曲史研究中长期存在的许多悬疑问题,为戏曲史理论研究和学科理论体系的完善做出了重要理论贡献。由于文献记载的有限性、主观片面性及不可避免的错记、漏记、误记等现象,在戏曲史研究中存在许多悬疑问题长期得不到解决,有的以讹传讹,有的以假乱真。戏曲文物学坚持以文物(实物)证史,解答了许多仅靠文献资料无法证实的疑问。例如文献史料大量记载北宋京城汴梁和南宋京城临安的杂剧演出，而广大农村地区的演剧情况则极少记载。传统戏曲史研究者据此认为戏曲是在城市经济发展繁荣和市民文化需求基础上产生的。黄竹三教授在山西新绛吴岭庄卫家墓发现大批模制元初戏曲砖雕，说明当时民间戏曲演出已相当繁盛。同时从山西农村发现的三通宋碑中所记修建舞亭舞楼时间，远早于文献记载中城市戏曲演出时间，使长期流行的"戏曲源于城市"的观点发生动摇，指出元代初年，我国戏曲除城市外，在广大农村也有频繁的演出，其盛况不仅是当时经济文化繁荣的产物，也是特定地区历史文化发展的结果，从而纠正了"戏曲形成并繁荣于城市"的传统观点。又如，长期以来，学术界将城市勾栏瓦舍和茶园酒楼作为中国古代剧场主要形式，车文明教授在长期研究中外神庙剧场的基础上，得出神庙剧场也是中国古代范围最广数量最多的剧场形式，从而纠正了此前的传统观点。再如，黄竹三教授认为民间祭祀戏剧也是戏曲文物的一种活得文物，或曰古代泛戏剧形态的活化石。他在1990年发现的山西曲沃任庄村留存的于宣统元年据古本传抄而成的祭祀戏剧演出本《扇鼓神谱》，至今还在演出，从而纠正了过去一些专家认为"北方无傩"的偏见，增添了山西祭祀戏曲的类型。凡此种种，充分证明了戏曲文物学以文物证史的研究方法，证实纠正了许多历史悬疑问题，丰富发展了戏曲史理论体系。

（4）戏曲文物学的创立，拓宽了戏曲史研究领域与研究视野，扩展了戏曲史理论的发展路径。戏曲史研究中长期存在一种倾向，即重视有文献记载的成熟戏剧的研究，而往往忽略了众多没有文献记载但先于成熟戏剧存在,在戏曲发展过程中,对其形成产生了重要影响的各种艺术表演形态。尽管各类表演包含了种种戏剧因子,但还不是真正的戏剧,甚至没有一个专门的称谓。黄竹三教授在总结前人研究基础上,先后提出了"准戏剧形态""前戏剧形态",后根据吴国钦先生的一个概念,提出了"泛戏剧形态"的理论,指出在戏剧形成之前已经长期存在的"泛戏剧形态",从总体上导致了中国戏曲的形成,"泛戏剧形态"作为一个整体,对中国戏曲的形成发展、各种戏曲形式的丰富、种类的繁衍起着重要的推动作用,纠正了前人研究忽略"泛戏剧形态"在中国戏曲形成中的重要作用的偏颇。在戏曲史研究中还长期存在着另一种倾向,就是多从文学角度、艺术角度来研究,忽略了在更广泛的意义上从文化角度来研究戏曲现象。戏曲艺术既是人民生活的反映,更是一种文化现象。仅仅研究其文学艺术属性是不够的,应从更广泛的意义上去研究这种文化现象。戏曲从产生至今,流传广泛、历久不衰,与其文化特性有关。黄竹三教授在《中国戏曲演出的文化解读》一文中认为,戏曲作为中华艺苑的一朵奇葩,是一种内涵丰富的文化聚合物,其存在的一种重要功能,就是作为社会民俗文化的一部分,存活于民间的各种活动中,是庆赏文化、丧葬文化、祭祀文化的重要组成部分,因而应该从文化层面来解读。他从戏曲演出的文化内涵角度探讨其独特的文化价值。指出在民俗活动中,戏曲演出显示了民俗文化的丰富性、戏曲形态的多样性、戏曲发展的渐进性,体现了中国戏曲发展不同阶段的形态、特色和渐进过程。进一步拓宽了戏曲史研究的领域、视野与发展路径。

黄竹三教授作为戏曲文物学的开山者,为学科的创立发展做出了卓越贡献,在中国戏曲发展史上留下了浓墨重彩的一笔。而戏曲文物学的创立,使戏曲史研究形成了文本研究与文物研究相互协调之两翼,两者相辅相成,共同推动戏曲史研究向前发展。如果说,考古学的出现,使历史学真正成为一门科学,同理,戏曲文物学的出现,也使戏曲史研究真正成为一门科学。

三、对戏曲文物学教学、人才培养、学术交流做出了重要贡献

以黄竹三教授为首的山西师范大学戏曲文物研究所,不仅是全国戏曲史研究的重镇,而且为戏曲文物学教学、人才培养和学术交流与传播做出了重要贡献,在海内外形成了广泛影响。

1. 形成了一支结构合理、学养深厚的高水平的教学科研人才队伍,为学科发展奠定了坚实基础。学科建设与发展需要以人才做支撑。从20世纪80年代初建立"戏曲文物研究小组",集中了杨太康、窦楷、张守中等老一辈戏曲史研究队伍开始,到1984年成立戏曲文物研究所,吸引和凝聚了一大批优秀人才,如冯俊杰、王福才、景李虎、延保全、车文明、张继红、曹飞、王志峰、王星荣、李强、吕文丽、杨飞、孙俊士、范春义等,此外还聘请了一批享誉国内外的戏曲研究专家如马少波、吴晓铃、宁宗一、黄永年、封祖盛、祝肇年、周华斌前来讲学交流。三十多年来,山西师范大学戏曲文物研究所影响不断扩大,与拥有一支合理的学术人才梯队密切相关。这与黄竹三教授虚怀若谷,奖掖后学,

有意培养和提携年轻人不无关系。一方面,他按照年轻人的年龄、志向、专业特长合理安排学术梯队,因材施用;另一方面,他谦逊让贤,大胆起用年轻人,放手让他们去干。他与冯俊杰所长都是不到六十岁主动退居二线,逐渐形成一支知识、学历、职称、年龄结构合理的学术梯队,使学科发展后继有人,始终保持旺盛的创造力。

2.建立了独特的教学与人才培养模式,为国家培养了一批戏曲文物学的优秀人才。山西师大戏曲文物研究所1990年获得戏剧戏曲学专业硕士学位授予权,2006年获得戏剧戏曲学专业博士学位授予权,2009年被批准设立艺术学博士后科研流动站,2011年成立戏剧与影视学院,开始招收本科生,最终形成了本科、硕士、博士、博士后科研流动站为一体的人才培养体系。

在人才培养模式上,黄竹三教授大胆改革,根据戏曲文物学与考古学的学科特点,克服以往大学人才培养中存在的理论脱离实际的教学模式,坚持理论与实践相结合,注重培养既懂理论又重实践的复合型人才,确定了人才培养模式的三大原则:一是根据文物考古的特点,坚持野外考察,师生同吃同住,边考察边讲解,使学生既掌握理论知识,又学会测量、拓碑等基本技能;二是以课题促科研,出成果出人才,老师带领学生做科研课题,这样既增强了理论素养,又提高了科研能力;三是不走所谓"学院派"道路,坚持走出去,加强与社会演艺团体、科研院所、博物馆等单位的联系,使学生既了解戏曲演艺行业的现状与专业知识,又熟悉戏曲文物研究的发展现状,同时又掌握了戏曲博物馆文物陈列现状,大大提高了学生的综合素质与专业素养。此外,在人才培养方式上,坚持"引进来,走出去"的培养方法。所谓"引进来",是建所初期,由于师资力量不足,他们特此聘请了南开大学、中央戏剧学院、中国传媒大学、深圳大学、陕西师大等一批外校的兼职教授来所讲学。所谓"走出去",一是支持学生外出参加学术研讨会,二是推荐学生考取国内外著名大学博士生,三是派学生到外校学习交流。不少学生学成归来,都成为戏曲文物、戏曲史教学和研究的骨干力量。

3. 加强国内外学术交流,在海内外造成了广泛影响。自戏曲文物研究所成立以来,先后于1986年10月举办"第二届中国古代戏曲学术讨论会",1990年4月召开首届"中国傩戏学国际学术研讨会",2006年4月主办"中国古代戏曲国际学术研讨会暨庆祝《中华戏曲》创刊二十周年大会",2008年9月主办"中外民间戏剧文化国际学术研讨会",同年10月举办"东方戏剧与剧场国际学术研讨会",2010年7月举办"东方文学与戏剧国际学术研讨会"等,有力推动了我国戏曲文物与戏曲史的学术交流与学术研究。

自1984年建所以来,戏曲博物馆吸引了来自美国、日本、法国、澳大利亚、奥地利、德国、瑞典、韩国以及中国台湾地区的学者专家前来参观访问,每年大约有海外专家100人次,国内学者、研究生300人次前来参观访问。黄竹三教授也多次受邀赴日本早稻田大学、美国田纳西州奥斯汀彼依大学、马萨诸塞州布里奇沃特学院、台湾大学、台湾世新大学进行学术交流与讲学,进一步扩大了戏曲文物研究在海外的影响。此外,戏曲文物所还接纳了日本京都大学,日本山梨县女子大学、美国密西根大学、韩国延世大学、澳大利亚墨尔本大学等博士研究生以及台湾各大学组成的 45 人大陆戏剧艺术访问团前来访问学习,有的博士生在所学习访问长达一年半时间,并与其他高校合作培养了多名国外研究生,为推动戏曲文物的国际学术交流做出了贡献。

4. 创办《中华戏曲》学术辑刊,为推动国内外戏曲文物学术研究和交流建立了一个发表园地和交流平台。1986 年,黄竹三教授与山西人民出版社、山西古籍出版社先后协商合作出版《中华戏曲》学术辑刊,1987 年开始与中国戏曲学会合办,黄竹三教授任主编之一。1999 年后改由北京文化艺术出版社出版,目前已出版 50 余辑。辑刊主要发表新发现的戏曲文物、戏曲文献为主,同时兼顾戏曲理论和当代戏曲问题的探讨,每期插有彩色图片,图文并茂。刊物以资料翔实、学风严谨著称。2007 年—2013 年三次入选 CSSCI 来源期刊,现发行美国、日本、韩国、新加坡以及中国台湾、中国香港等 20 多个国家和地区,是海内外戏曲研究的核心辑刊之一,为戏曲戏剧学术研究与海外传播搭建了一个桥梁与纽带。

"黄卷青灯陋室中,春风拂面寄情浓。"③这首《偶作》诗是黄竹三教授一生的真实写照。他在该诗序中写道:"古人训言,读万卷书,行万里路。竹三一生青灯黄卷,不务经济,不谙世事,良可叹也。"正是先生一生矢志学术,甘守清贫,倾其一生精力从事戏曲文物研究,才有了戏曲文物学的诞生,有了戏曲文物学科发展的伟业,以及在戏曲史研究上的丰硕成果和辉煌成就。其实先生也有步入仕途的机会。20 世纪 80 年代中期,山西师范大学时任校长陶本一推荐他任副校长,山西省委组织部来校考察与他谈话,被他婉言谢绝。从风华正茂的青年,到白发苍苍的老人,黄竹三先生把自己的一生献给了他挚爱的中国戏曲史研究和戏曲文物学事业,其精神堪称学界典范,人生楷模!

"春意满苑圃,为有幽香来。"④黄竹三先生在近60年的学术生涯中,皓首穷经,严谨治学,杏坛千秋,木铎长鸣,有昭昭之明,建赫赫之功。如今正是桃李遍布天下,声名远播海外。其实戏曲文物学的学科发展才刚刚开始,学科体系的成熟还有大量工作要做,希望后来者有更多戏曲文物学的论著出现。在先生八十寿辰之际,这里以拙诗一首谨表志贺:

> 弦歌不辍六十年,⑤求真问道志弥坚。
>
> 皓首穷经负盛誉,剧开文物史无前。⑥
>
> 润花著果育闳材,催笋成竹慰苍颜。
>
> 桃李芬芳遍天下,沧桑不计春满园。

注释:

① 黄竹三,《晚霞吟草》,新岁试笔,三晋出版社2017年出版。

② 黄竹三,《晚霞吟草》,谢麻君,三晋出版社2017年出版。

③ 黄竹三,《晚霞吟草》,偶作,三晋出版社2017年出版。

④ 黄竹三,《浮生诗草》,山西师大杂咏,三晋出版社2011年6月版,第176页。

⑤ 这里从黄竹三先生在中山大学中文系师从王季思先生学习戏曲史算起,前后从事戏曲史学习研究大约六十年时间。

⑥ 特指戏曲文物学开辟了戏曲史研究以文物证史的新时代、新领域。

【作者简介】陈建中,1953年生,山西省万荣县人。《山西师大学报》社会科学版原主编。1999年初调北京工作,任《中国流通经济》杂志总编辑,编审,北京物资学院法政系教授,研究生导师。中国市场学会常务理事,北京开达经济学家咨询中心常务理事,中国辩证唯物主义研究会理事。1993年被评为享受国务院政府特殊津贴专家,2007年被评为全国新闻出版行业领军人才,2008年被评为二级教授。在《求是》《人民日报》《光明日报》《经济日报》《管理世界》、英国《SystemsResearchandBehavioralScience》(《系统研究与行为科学》)等报刊发表学术论文200余篇,出版的著作有《社会信用管理体系建设构想》《中国图书流通体制改革研究》《现代物流新论》《社会主义市场经济理论研究》《中国特色社会主义理论研究》《中国流通经济体制改革新探》等20多部,有十多项科研成果获国家及省部级优秀成果一、二、三等奖。曾赴俄罗斯莫斯科大学、圣彼得堡大学,英国帝国理工学院,德国柏林理工大学、波恩大学,澳大利亚国立澳洲大学、中央昆士兰大学等讲学与交流。

仁者·师者·拓荒者

——写在黄竹三恩师七十初度之际

延保全

一个人的成长和成功需要努力,也需要机缘。我是一个幸运的人,因为我从参加工作之始就遇到了黄竹三师,有幸成为他麾下的一员;而更为幸运的是,我参加工作三年后又有幸成了第二届"黄门"弟子。于是在"幸运之舟"的承载下,我充分地感受着他宽厚"仁者"的人格魅力、博学"师者"的学术感召力,以及戏曲文物研究"拓荒者"的学术自觉和创新力。

一

黄竹三师在我心目中一直是一个人令我崇敬的宽厚"仁者"。

我在山西师范大学中文系的四年中,虽然黄老师没有给我上过课,我也没有见过黄老师其人,但对他的名声却早有耳闻。至今我还记得二十二年前刚到戏研所报到的情景。那时戏研所办公室还在图书馆三层东侧,我怀着忐忑的心情走了进去,屋里有四五个人,有人向我首先介绍坐在沙发上的一位老师说"这位是所长黄老师",我显得很惶恐,一边嘴里说"黄老师好",一边打量着眼前这位"神秘"人物。老实说,与我想象中的形象好像有点差距。因为我早就听说他是广东人,而广东人在我印象中个子似乎都不太高,可眼前的他超过了一米八!那时候的他不像现在这样,不太胖,自然谈不上魁梧,可显得"高大",长方形的脸上面带微笑,那笑容很和蔼,使人觉得特别亲切。他简单地向我介绍了一下戏研所的老师及所内的基本情况,然后让我先熟悉环境,尽早能够胜任所里安排的工作。他的话带有浓重的广东口音,但简洁明了,自然而富有节律,让人听起来没有"压迫"感。这样,他给我留下的第一个深刻印象就是"没有所长的架子"。

作为所长,他从不给人下硬性的命令,也从不把他的意见强加给别人。进入戏研所我接到第一个任务是做《宋金元戏曲文物图论》的碑文附录。此前该书的正文部分已经各有其主,只有碑文附录部分没有人做,黄老师问我愿不愿意做,我表示愿意,只是担心角色刚刚转换,不知自己是不是能够胜任。他马上给以鼓励,使我的自信心得到了很大的增强。关于该书的体例和写作过程中遇到的问题所里均进行过多次的讨论和研究,黄老师给我的印象是很大度,很民主,也很富有见地。他总是能认真倾听别人的意见,并尽可能地加以吸收和采纳。考虑问题也总是能从大处着眼,经常能将别人的思路引导到他的思路上来,从而让我很是折服。我总是私下在想,之所以这样,大概与黄老师中山大学的研究生学历和出自王起先生的门下这一"高贵"出身有关吧!

1986年10月由山西师范大学戏曲文物研究所主办的"第二届中国古代戏曲学术讨论会"筹委会的对外联络工作是我进入戏研所接受的第二个重要任务。黄老师刚给我说的时候我的畏难情绪比较大。因为是第一次做这样的工作,自己即将面对的是国内戏曲研究界上百位专家学者,生怕会出现什么差池。黄老师则不温不燥,不紧不慢,平心静气地和我谈心,告诉我为什么将这么重要的工作交给我的几点考虑:一个是现在所里数我年轻,此项工作由我来做比较合适;一个是可以借此机会锻炼我的对外交往能力;第三个也是最重要的一点是,可以结识圈内诸多学者,为日后的戏曲研究搭桥铺路。谈话时间不长,但谈话效果出奇的好,如醍醐灌顶,让我茅塞顿开。我诧异于黄老师看问题的独特眼光,也深深地感受到他为年轻人着想的良苦用心。这样我自觉地、毫无怨言地、有条不紊地投入到此项工作中,按计划将所邀请代表的邀请函发出去,并细心接收参会代表的回执,同时还在不断收到未邀请而想参会的学者来信,尽可能地为他们争取名额,逐一回复,无论长者还是初出茅庐的年轻人。正像黄老师所预言的那样,不少戏曲研究大家如王季思、蒋星煌、胡忌、宁宗一、宁希元、齐森华、龚和德、任光伟、祝肇年等都是通过那次办会认识的,也结识了一批正在步人戏曲研究界的年轻朋友如卜键等。会后,黄老师还特意将《第二次古代戏曲学术讨论会综述》的写作任务交给了我,我没有推脱,写好后很快刊登在11月18日的《光明日报》上,也算是为黄老师的信任交上了一份满意的答卷。

会前的 8 月份,由上海师大、华东师大、复旦大学联合举办为期半个月的"元明清文学讲习班",给我发了邀请函,我考虑到距离会期太近,对外联络工作比较繁忙,而且经费也不是个小数,准备放弃这次学习的机会。黄老师听说后,坚持让我去,他认为这是加强和提高我的元明清文学修养、扩大知识面、开阔视野的绝佳机会,至于半月二十天的时间,不会对会议的筹备造成太大的影响。虽然当时所里经费特别紧张,但黄老师并未因此吝惜,切实为我自身考虑,这一点我心里一清二楚,对此我心存感激。事实上,这次上海之行,收获比预想的要大得多,期间分别听了章培恒、钱伯城、何满子、顾易生、李平、邵毅平、袁世硕、齐森华、叶长海、彭飞、徐扶明、陈建华、黄菊盛、蔡义江等十多位分别来自复旦大学、山东大学、华东师范大学、上海戏剧学院、上海师范大学、上海戏剧学校、上海戏曲研究所、杭州大学的著名专家学者的专题讲座,内容涉及元明清戏曲、小说、诗歌作家、作品乃至理论研究的诸多方面,也有中外小说比较研究、日本学者对中国文学史的研究等等。听来让人感到丰富而新鲜、生动而刺激:亦如突然撤去障目之叶,顿感繁华满眼,珠玑毕至。为我日后的考研和戏曲研究奠定了一个良好的基石。

我的第一篇论文《新发现的魏村元代戏台史料》是在黄老师的"授意"和点拨下,与王福才老师合作写成并发表在《中华戏曲》第二辑上的。那是在 1986 年年初,我和黄老师、王福才等一行几人到临汾市魏村牛王庙进行考察,在对戏台、献殿、正殿和正殿前碑阳文字做完记录准备离开时,黄老师突然发现在正殿前廊西侧靠窗的一通碑的碑阴虽然末尾落款是"大清光绪二十四年",但碑名为"牛王庙元时碑记",仔细研读碑文,觉得很有价值,意识到是一个"新的发现",大家看后都非常兴奋。返校后,黄老师本来可以依据这一新发现的材料自己写成专文,出人意料的是,他建议由我和王福才老师一起来写。尽管我再三表示说这篇文章应该由黄老师自己来写,但他始终坚持要我俩写。最后可以说是在黄老师和几位老先生的帮助下,我和王福才老师的第一篇文章才得以面世。黄老师的用心我非常清楚,就是要创造一切条件、提供一切机会、给予一切帮助提携后来者!可要做到这一点要是没有一颗"仁者之心",没有一个宽广的胸怀,应该说是难以做到的。

子曰:"仁者爱人。"黄竹三师就是一个真正的"仁者"。他能设身处地,推己及人。他所奉行的行为准则就是"己欲立而立人,己欲达而达人"。朱熹认为仁者之乐山在于"仁者安于义理而厚重不迁,有似于山",可谓至矣!

二

回想起来,我这一生非常重要的一次选择,也是后来证明是正确的一次选择就是考取黄竹三师的硕士研究生。

留校三年的戏曲文物田野考察经历,丰富了自己对戏曲文物的认识与理解,但也隐约地感觉到总体知识储备的不足、理论的欠缺和学养的浅薄所带来的深入研究的困惑,继续深造的念头开始出现并提到了议事日程。恰巧黄老师在 1987 年开始招收第一届研究生,景李虎师兄先拔头筹,接下来第二年有两个招生名额,我经过反复权衡之后,下决心报考黄老师,在自己的充分准备和努力下,在"命运之神"的垂青下,1988 年我如愿跻身于黄师门下,成了一名名副其实的"黄门"弟子。

作为一名戏曲文物研究所的同事的感受,和作为一名"黄门"弟子的感受是不尽相同的。以前感受更多的是长者之"仁",尊者之"德",这时感受更多的是慈者之"善""师者"之"知"。老子云:"知人者智,自知者明。"知者之知,乃明智之智,是为大智慧。知者便是那些对自己、对人生、对人性有着足够了解和领悟的人,并且因智慧而超脱。黄竹三师就是这样的人。

师者,传道、授业、解惑也。当进入师门的第一天起,黄老师就将如何做人作为教导弟子的必修课。他讲过,做人一定要谦虚,谦虚使人进步;做人也一定要谨慎,谨慎使人少走弯路。因为在中山大学乃至毕业之后,王季思先生就经常告诫他:不论在哪里,一定要谦虚谨慎,不要占山头。祖师爷这么教导他,他又继续这样教导自己的弟子。他不仅这样教导自己的弟子,他也是这样努力践行的。他为人谦和,虚怀若谷,在学界"人缘"非常好,可以说"朋友遍天下",这一点在随他参加的几次学术会议中间会感受更深切一些。对于他的人品和学问,人们鲜有微词。

在"传道"的同时,他又以其渊博的学问和无形的智慧影响着他的弟子。在教学上,黄竹三师有自己的一套教学理念。

首先是给予弟子的学习环境非常宽松,不强迫,不严厉,重在导引。一入学黄老师就给开了一张详细的"必读书目",建议有时间的话不妨仔细读一读。记得上课时,我和继红兄两个人就在他家里,一边听课,一边还可以喝到"好茶";授课过程中有时候显得比较正式,有时候又是聊天式的。因此听黄老师的课不觉得枯燥,疑问和困惑都是在不经意间消失和得到解决的。在论文的选题上,黄老师能充分尊重个人的意见,在论文的写作过程中,他能够及时地答疑解难,并将他手里掌握的资料毫无保留地提供出来。

其次,宽口径、大视野的培养模式。采取的方式就是"送出去,请进来"。所谓"送出去",就是将我们送出校外游学,到名校去听取名家讲学;所谓"请进来",就是将国内有名的专家请到学校来做短期学术讲座。黄老师认为,在专业点草创阶段,师资力量明显不足,光靠他一个人的力量是办不好一个专业点的。何况每个人有每个人的特点,每个专家有每个专家的优长,多接触本学科的名师和专家,自然能开阔学术视野,且不囿于一家之言,从而为日后的学术研究打下良好的基础。正是从这一点出发,刚入学的第一学期,黄老师就及时地和南开大学的宁宗一先生联系,让李虎师兄和继红、我一行三人前往天津,近距离聆听宁先生的教诲。那是 1988 年的 11 月中旬,北方已进入初冬,虽然天气很冷,但我们三个人非常兴奋,到达天津南开大学之后,住到了校内的招待所,除了细心体味南开大学的校园文化氛围之外,全天按时到宁先生住所听他讲授《戏曲与小说》,历时半个月,我们不仅为宁先生的个人风度所倾倒,而且为他论辩的口才、敏锐的思维、充满感情色彩的分析视角所吸引。特别是关于著名古典戏曲小说中主人公"心路历程"的剖析,在当时来说很具"人性化"的色彩。这次外出游学,在我的求学历程中留下了深深的印记,而这正要感谢黄老师的"别具匠心"。紧接着,第二学年的第一学期,也就是 1989 年的下半年刚开学不久,黄老师又从陕西师大聘请了黄永年教授到我校,专门为我们讲授《版本学》。这又是一个很有"创意"的举动,因为对于我们来说,最直接的受益是在随后完成的"山西元杂剧作品"校注任务时,在"版本"比勘这一块得心应手。后来,黄老师还从汕头大学聘请了封祖盛教授到校给我们讲授《社会文化学》,也取得了不错的效果,为日后拓展研究空间,作了最初的铺垫。

再次,注重能力培养,在实践中加以锻造。在入学后的第二年,正好黄老师承担了山西古籍整理项目"山西元杂剧总集校注"的任务,他将其中的一部分分配给了李虎兄、继红兄和我,分别是《李寿卿狄君厚集》校注、《吴昌龄刘唐卿于伯渊集》校注、《李行道孔文卿罗贯中集》校注。在完成此项工作的过程中,获得了一举多得的效果:一是使几方面的能力得到了锻炼,即到不同的图书馆查阅图书的能力,熟悉元杂剧的版本类型、版本校勘的能力和作家作品的分析能力;二是在上学期间就能完成书稿出书,增强了戏曲研究的自信心;三是与最后的毕业论文写作相得益彰。

这就是我的恩师! 有人说,师者,乃学生心灵火花的引燃者,学习兴趣的铺垫者,研究能力的培养者,日常交往的示范者,自由心灵的启迪者,此黄师之谓欤?!

三

黄竹三师是戏曲文物研究的拓荒者。

八十年代初,有几个戏曲爱好者以"戏曲文物研究小组"的名义自由组合到一起,他们没有资金支持,没有现代化的交通工具,凭借着出自内心的热情,利用业余时间,骑着自行车,穿梭于山西南部与东南部,开启了戏曲文物考察与研究的大幕,其中的引领者就是黄竹三师!

当 1982 年《山西师院学报》刊载了由他执笔的《元初戏剧演出的重要史证——山西新绛元墓戏雕考述》一文,并被 1983 年卷的《中国戏剧年鉴》转载后,他们逐渐引起了学界的注意,同时也引起了学校的重视,1984 年戏曲文物研究所的成立也就水到渠成。

三十年代,卫聚贤的戏曲文物研究只不过是作为考古学家为了弘扬家乡文化遗产所做的一时之举;八十年代艺术研究院刘念兹先生开始注意到了戏曲文物,不仅有相应的研究成果,也有远见地提出了"戏曲文物学"的学科概念,但毕竟是一种个人行为,其"戏曲文物学"的概念也没有引起多少人的注意。作为一种群体行为,有明确的研究对象和研究范围,并成立有相应的研究机构,建立有颇具特色的文物展览场馆,直到后来慢慢形成较为固定的研究范式,则是自黄竹三师始。

当一种事业处在蒸蒸日上的时候,往往很少有人想到它在草创阶段的艰难情形,而当你感同身受,几乎同步地见证了它筚路蓝缕,从无到有,由弱到强的发展历程时,你会在感慨万千的同时,更加怀念过去,也更加怀念它的开创者,拓荒者!你也许会惊奇,在二十多年前,怎么会有人想到扯起戏曲文物的研究大旗?是百无聊赖者的一时兴起?还是哗众取宠者的故意投机?抑或是冥冥中的神灵暗示?都不是。它在于开创者的学术素养、学术积淀和学术敏感,也在于拓荒者的毅力、果敢和事业心。正如十年前曲六乙先生这样评价黄竹三师:"著名戏曲大家的高足,自然有一定的造诣,但掐指算来,如果不是在黄土高原喝了15年的老醋,是不大可能完成这样惊人之举……"

作为拓荒者,黄竹三师在戏曲文物研究领域独树一帜,且颇有建树。

建树之一,利用在广大的农村发现的戏曲文物,首次对戏曲生成于城市说提出怀疑。他认为:"农村的优戏演出是我国戏曲发展的根基,由于农村演出的广泛、活跃,才带来城市演出的兴盛、繁荣;而城市的演出,又使各种技艺得以改革、提高,二者紧密联系,相互交流,从而推进了戏曲的发展与成熟。"

建树之二,针对此前学界普遍流行的戏曲产生于"劳动""歌舞百戏""宗教祭祀"等观点,提出了"戏曲产生发展的多元性"观点。即戏曲源头和流传地域的多元性、构成戏曲艺术因素的多元性、戏曲形式的多元性。正是戏曲产生发展的多元性,才使得中国戏曲形成了源头众多、形式各异、风格鲜明的特色。

建树之三,提出了"泛戏剧形态"的概念。因为无论是戏曲产生之后还是产生之前,都有一些含有戏剧因子的艺术形式的存在,或者是略具戏剧雏形的表演形式的存在,它们统统可以纳入到"泛戏剧形态"的范畴,将"泛戏剧形态"作为一个独特的体系来理解,有利于"探索其产生根源、种类、各时期演出特点以及长期存在的原因"。

建树之四,首次对北方傩戏山西曲沃任庄的《扇鼓神谱》做出系统的调查和研究,并较早注意到宗教祭祀在戏剧起源发展上的意义。

　　总而言之,正是黄竹三师在戏曲研究特别是戏曲文物研究上的诸多建树,才使得山西师大戏曲文物研究所在海内外的影响越来越大,不仅在 1990 年为学校拿回了戏剧戏曲学硕士学位授予权,而且在 1996 年成为山西省首批重点建设学科,为后来戏剧戏曲学博士点的申报成功打下了坚实的基础。

　　子曰:"知者乐水,仁者乐山;知者动,仁者静;知者乐,仁者寿。"黄竹三师既是"知者",也是"仁者",故能"动""静"自如,故能快乐、长寿。大音希声,仁者不期回报;大爱无形,弟子当思感恩! 在先生七十初度的特殊日子,弟子不会忘记先生"先做人,后治学"的谆谆教诲,当以努力和真诚回报先生,也祝先生福寿绵长,如松,如鹤,如东海,如南山。

　　说明:此文为十年前所作,今附于此。

附 录 四

学界师友对黄竹三先生及其治学的评语

竹三在山西多年奋斗，专心从教，两袖清风，心无旁骛。在教学和科研工作上，他不仅继承了季思师的学术传统，而且开拓了戏曲研究的新领域，把这一学科的研究，推上一个新阶段。

自 1949 年算起，出于王季思老师门下从事戏曲研究的学生，遍布各地。到现在为止，竹三在同门中可说是成绩最为突出最受学术界称道的一位。

竹三的创获，绝非偶然。由于他扎根山西，热爱山西，专注于戏曲的教学和研究工作，本来在粤籍学生中就显得生性勤奋的竹三，又受到三晋淳厚朴实风气的熏陶，更使他兼具坚韧谦厚和勇于开拓的学术品格。所以，他能取得的杰出的成绩，绝非偶然。

作为教师，竹三不仅开辟了科研的新方向，写出了扎实的有真知灼见的学术论文，也为山西师大培养了大量人才，引领出一支有特色的科研教学队伍。

（黄天骥《戏曲研究新论》序）

黄竹三先生 60 年代正式从事学术研究以来,硕果累累,成就斐然。特别是 80 年代后,竹三先生开始从事戏曲文物的考察与研究,并陆续发表了《元初戏剧演出的重要史证——山西新绛元墓戏雕考述》等大量有价值的论文。这些论文的观点与结论建立在文物与文献相结合的基础之上,不仅令人信服,而且对中国戏曲形成问题的讨论具有重要的意义;不仅扩大了先生的研究领域,同时也奠定了竹三先生在戏曲文物研究这一学科的学术地位。山西师范大学戏曲文物研究所的成立和《中华戏曲》的创办,竹三先生也功不可没。在竹三先生的辛勤培育下,从事戏曲文物研究的学术新人辈出,为戏曲研究事业做出了杰出贡献。

(中国戏曲学会贺信)

先生年高德劭,学贯古今,为我省的教育文化事业,特别是戏曲文物研究的开拓和发展做出了重要贡献。先生来晋四十载,躬耕三尺讲台,以渊博的学识和严谨的治学态度培养了众多优秀学生,堪称桃李满园。先生及戏曲文物研究所将文物材料、民俗资料和文献资料三者结合起来一并研究,取得了可喜的科研结果,为山西师范大学乃至我省的学科建设做出了突出贡献。

(时任山西省教育厅厅长李东福贺信)

黄竹三教授在古代戏曲研究方面成就卓著,他关于泛戏剧形态的研究,关于宋金戏曲的研究,给人留下深刻的印象。尤其是他关于戏曲文物的研究,对宗教戏曲、傩戏的考证与论定,对山西戏曲文物及山西籍古剧家的研究,对宋金元戏曲文物图录的阐释,都有开拓性的成果与令人耳目一新的学术见解。

(中山大学中文系教授吴国钦贺信)

黄竹三先生热爱教育事业,"学而不厌,诲人不倦",在艰苦的条件下搞研究、创事业,取得了突出成就,并创办了戏曲文物研究所,与冯俊杰等先生共同代表了一个繁荣而超一流的戏曲研究学术梯队,取得了丰富的成果。

黄先生不仅是治学严谨,而且秉承了中国文人的传统美德,心胸坦荡,淡泊名利,一切为事业,执着为之奋斗。严于律己,宽以待人。正因为他有坦荡的胸怀,才成就了今天举足轻重的事业,才能带出戏曲文物研究所优秀的团队。

(时任山西师范大学党委书记倪生唐贺词)

竹三是一位既实事求是,又具有远见卓识的学者,没有把握的事,他坚决不干,如我们商讨科研项目时,他明确指出,搞戏曲文学,不是我们的长项,我们应当扬长避短,搞戏曲文物。戏曲文物在晋南,地上地下,俯拾即是,只要不怕吃亏,潜心研究,很快就会出成果。

(窦楷《往事知多少——我与竹三》)

《元初戏剧演出的重要史证》一文,根据墓室所列戏雕,发现了一个元杂剧不曾出现的角色行当短打武生。文章发表前曾得到王季思先生和马少波先生充分肯定,发表后,立即引起轰动,吴晓铃先生应邀出国讲学,作为他的讲稿和教材内容。翌年,

《戏曲年鉴》全文转载。

（同上）

1993 年，竹三和景李虎发表在《中华戏曲》的一篇文章，题目是《试论戏曲产生发展的多元性》。竹三的文章里，首先提出中国戏曲是一门综合艺术，它融合了歌舞、音乐、说白、技艺表演等多种艺术因素。这是大家公认的。就如何综合，他提出了自己独特的见解。他认为戏曲艺术"在其成长、发生、发展、成熟、繁荣的过程中，表现出突出的多元性的特点，形成了源头众多，形式各异，风格鲜明的特点"。

（同上）

多年来，我无数次琢磨与黄老师的缘分，细想当年是什么东西吸引了我——大概是因为与嘈杂拥挤的唐宋文学相比，元明清戏曲门前稍稍的冷清，是元明清戏曲更突出的乡野品质，是自己骨子里不太爱凑热闹的孤傲天性，当然最主要的是黄竹三老师——他的真诚，他的博学，他的谦逊，他的平实，他来自遥远南方，与我们这些土生土长的土著们眼界、思维、为学以及生活方式方法上的异样。

（景李虎《恩师黄竹三》）

黄老师培养学生有几大特点：第一是路径比较宽。虽然我们是戏曲文物研究所，但不拘泥于文物研究，强调文物、文献相结合。第二是性情温和，待人宽厚。他尽量尊重学生的选择，能够充分发挥学生的主动性,循循善诱,诲人不倦,从不强求学生做自己不愿意做的事。第三方面,就是教导学生,尤其是青年学生,要淡泊名利,甘于清贫,艰苦朴素,树立正确的价值观、人生观。

(车文明《感谢恩师黄竹三先生》)

过去高校的研究者,一般只重视文献、文本的研究,重视古典戏曲的理论探索,与当代的戏曲则距离较远。黄竹三先生以他的学识素养与下放插队的经历,较早地看到了这一弊端,故在教学与研究中,常常带领学生走出书斋,走出校门,一面作田野考察,一面与当地的戏曲创作和演出相结合。

(王星荣《理论结合实践　提高兼顾普及》)

黄竹三教授是我校戏曲文物研究所的创建者,是首任所长。他带领他的团队,独辟蹊径,走出了一条田野调查、文物考古、古籍整理与研究相结合的研究道路;组建了一支不怕困难、团结协作、勇于创新、蓬勃向上的学术团队;产生了一系列具有奠基性、创新性、在国内外产生较大影响的高水平研究成果;培养出了一批专业基础扎实、科研能力较强、综合素质过硬的优秀毕业生。黄竹三教授作为这支学术团队的带头人,是我校优秀老师的代表,是各学科带头人学习的榜样。

(时任山西师范大学校长武海顺为张继红《黄竹三老师与山西师大戏曲文物研究》所做的批语)

黄老师不仅是一位良师,更是一位益友。无论在学术研究方面,还是在生活方面,黄老师都能言传身教,积极为大家出主意、想办法,帮助大家克服困难。在晋南这个相对闭塞的地界,信息是十分重要的。竹三老师思维敏捷、眼界开阔,又善于言谈。他经常会把了解到的各种外界信息带给大家。因此,大家虽然身处晋南,但学术信息和生活信息并不闭塞。这对弟子们在学术观念和生活观念上的进步均深有裨益。

(王廷信《言传身教　良师益友》)

他即使在艰苦的环境中也能坚韧不拔,奋斗不息,黄先生从没有因环境的改变而放弃自己的学术追求,他厚积薄发,硕果累累。黄先生的研究力求运用的新的视角、新的方法,发人之所未发,不断提出一己之创见。他的多篇论文都是针对戏曲史中的一些难题,因而产生了广泛的影响,为国内外同行所瞩目。黄先生开创了山西师范大学戏曲文物研究所,为国内第一家戏曲文物的研究机构;他创办了《中华戏曲》,为戏曲文物研究提供学术阵地,此杂志影响远及海外;他在戏曲文物研究方面取得了卓越的成就,是戏曲文物研究这一学科的奠基者、开拓者。

(霍建瑜《厚积薄发　勇于开拓》)

1991 至 1992 年,黄竹三和他的同事王福才,首次对山西曲活县任庄扇鼓傩戏表演活动进行了多次和反复的细致调研。这次考察活动集中体现了他多年认知和思考的田野作业理念,从当时拍摄的考察照片可以看到,黄竹三是和他的考察对象蹲在一起抽烟聊天的,他们的鞋面上都沾满了大块的泥巴,散发出鲜活的"民间"味道。这一细节意味着,黄竹三开拓的戏曲文物研究对戏曲史研究的贡献不仅仅是研究对象意义上的,而更是研究方法、学术姿态意义上的,无疑,戏曲文物学在此方面上得到了重要的延展。

(王学锋《黄竹三:戏曲文物学的拓荒者》)

交往多了,对先生的认识便逐渐地丰富起来。有时候钦佩先生的学识,觉得满腹学问的先生是如此高深的一位学者;有时候看见先生因为一些生活环事而闹情绪或"较真儿",体验到先生对待生活的那份率真;更多的时候,感觉先生更像一位真诚、朴素、可亲可敬的长者。他仿佛坐在阳光下的胡同口,每个问路人都会得到他的热情指引。

(张勇风《阳光下的指引》)

竹三分别在《我国戏曲史料的最大发现》《山西曲沃任庄〈扇鼓神谱〉和扇傩祭调查报告》中,对宗教祭祀、风俗民情与戏剧的萌生及其演出的相互关系,对宫廷演出与民间演出的互相促进与融合,对杂剧、院本、队戏(包括哑队戏)的艺术形态,都做了精辟的论述……在掌握尽可能多的资料之后,对宗教祭祀戏剧进行归纳与分类,写出《山西宗教祭祀戏剧的历史、类型和特点》《傩戏的界定和山西傩戏辨析》等有较高学术价值的文章。至于《谈队戏》《掌竹·前行·竹竿子·竹崇拜》等论文,则更能体现出竹三拨云穿雾、寻根觅源的执着学风。

(曲六乙《戏曲文物研究散论·序》)

黄竹三先生治学严谨、缜密思考、言之有据的学术风格,以及他注重田野考查,善于发挥戏曲文物优势的研究方法,不仅决定了他的学术道路和学术成就,也通过言传身教,潜移默化地影响了他的研究生,以及山西师大戏曲文物研究所的研究方向。

(吕文丽《独辟蹊径　嘉惠后学》)

过去读黄先生的《戏曲文物研究散论》,我主要是沉迷于其中的知识信息和观点结论,最近我重读这本书时似有所悟。在中国刚刚发生文化转型的 80 年代初期,黄先生等前辈老师就已经凭借简陋的交通和作业工具,踏遍青山、走村进庙,实施艰苦的田野工作,并把田野调查和文献考证相结合,脚踏实地地建立起一整套具有山西师大特点的戏曲文物研究方法和学术理论。我们戏研所到今天仍然在沿用这套有效的方法,并以其独特性令国内外学术界刮目相看。

(王黑特《价格魅力与认识论选择》)

师大戏研所是竹三师和一群志同道合的好友们一步步建设起来的,他们风尘仆仆地奔走于三晋大地,在极端简陋的条件下,艰苦奋斗,调查戏曲文物,创办学术刊物,设立文物展馆,培养学术接班人和建设学术梯队,逐渐地,黄土高坡上的这颗明珠发出了璀璨的学术光彩。来自美国、日本、韩国等国和中国台湾地区的博士、进修生纷至沓来,全国各高校、科研机构的专家学者也慕名来访。但竹三师本性淡泊名利,从不热衷钻营,对于很多改变本身处境的机会,如行政职务的上升空间,学术环境的外

出改变,都拒绝了,而是选择了坚守,直到戏研所博士点申报
成功。

（元鹏飞《踏实做人　朴实为学》）

说明:以上评语均选自《戏曲研究新论——祝贺黄竹三先生
七十初度暨戏曲研究新思路漫谈会文集》,排序不分先后。

图书在版编目（CIP）数据

黄竹三先生学术年谱 / 张勇风编著. -- 太原：三
晋出版社，2017.7
ISBN 978-7-5457-1539-2

Ⅰ.①黄… Ⅱ.①张… Ⅲ.①黄竹三—学术研究—年
谱 Ⅳ.①K825.78

中国版本图书馆CIP数据核字（2017）第155986号

黄竹三先生学术年谱

编　　著：张勇风

责任编辑：张继红

责任印制：李佳音

出　版　者：山西出版传媒集团·三晋出版社（原山西古籍出版社）

地　　址：太原市建设南路21号

邮　　编：030012

电　　话：0351-4922268（发行中心）
　　　　　0351-4956036（总编室）
　　　　　0351-4922203（印制部）

网　　址：http://www.sjcbs.cn

经　销　者：新华书店

承　印　者：山西臣功印刷包装有限公司

开　　本：787mm×1092mm　1 / 16

印　　张：15

字　　数：160千字

版　　次：2017年7月　第1版

印　　次：2017年7月　第1次印刷

书　　号：ISBN 978-7-5457-1539-2

定　　价：58.00元